観光という虚像

アイデンティティをめぐる
地方自治体の自問自答

宮崎　友里

晃洋書房

はしがき
──地方自治体の観光政策──

　近年の日本社会において，非常に不思議な現象が起こっている．それは，数多くの自治体が地域経済活性化を掲げて観光客誘致を目的とした観光政策に取り組んでいることである．これは，地方自治体が，単なる行政区画であるのみならず，それ以上の意味を有した組織であることを示唆する現象である．

　自治体が観光政策を通して達成したいものは一体何なのか．

　本書の目的は，地方自治体の政策形成においてどのような論理が働いているのか，明らかにすることである．従来，地方自治体の政策形成は，もっぱら地域社会における経済的課題への対処方策として捉えられてきた．しかしながら，改めて指摘するまでもなく，地域社会における課題とは必ずしも経済的課題に限定されるものではない．ここで指摘できるのが，地域社会における心理的課題という問題である．すなわち，地域社会には経済的課題もあれば心理的課題もあるならば，開発政策や地域振興策といった，これまで経済的論理によって捉えられてきたものは，本当に経済的論理のみで説明されるべきなのかという疑問が生じる．本書では，こうした問題意識をもとに，地方自治体の政策形成における地域社会の心理的課題への対処という側面に注目し，地方自治体の行動を解読しようと試みるものである．

　その手掛かりとして，政治心理学や政治社会学に重要な知見を提供してきた社会心理学における，集団の行動原理をその心理的動機から説明を与えてきた社会的アイデンティティ理論 (Tajfel & Turner 1979; 1986) から主な示唆を得た．その社会的アイデンティティ理論を地方自治体の政策形成に援用すると，「地方自治体は地域社会の課題に対して心理的対処方策を講じる」と捉えることが可能となる．

　こうした地方自治体の政策形成における行動原理は，現実社会においてどの程度の妥当性が確認できるのか，本書では事例を取り上げて検証した．その事

例とは，神戸市，水俣市，むつ市である．それぞれの事情によって各市を肯定的に位置づけることが困難であった地方自治体は，それぞれの政策指針に何を見出してきたのか．

　分析の結果を簡潔に述べれば，神戸市においてはアパレル産業が政策的に利用され，それは「伝統が無い」神戸市の「進取の気性」を体現するものとして説明された．続いて，水俣市においては，水俣病が政策利用されたが，それは「公害」を発生させた企業城下町による「環境問題への先進的取組」として説明された．最後に，むつ市においては，観光資源イタコに対する観光環境の整備を取りやめたが，それは「後進地域」の「前近代性」を強調するものとして説明された．反対に，同市では放射線漏れの事故を起こした原子力船母港事業が継続的に実施されているが，それは「先進性」という理由をもって説明された．

　これら三つの事例分析から，それぞれの地方自治体の政策は，地域社会における課題に対して心理的に対処するものとして位置づけることが可能であることが明らかになった．

　本書は，地方自治体の観光政策を主軸として，地域社会の葛藤と心理的解決方策との関係を整理しようと試みたものである．地方自治体の政策形成をめぐる心理的考察を付与した書籍がほとんど皆無であることから，地域課題に直面する人々に，何がしかお役に立てればと思い上梓した．

　各地域の記述について，筆者の力不足と資料上の制約ゆえに不完全なものであることは承知している．誤りは読者のご叱正を得て訂正したい．

目　　次

はしがき ──地方自治体の観光政策──

第1章　地方自治体の政策形成と地域社会が抱える課題 ················· 1

第1節　本書の目的　(1)

第2節　地方自治体の行動の背景　(2)

第3節　分析の視角　(4)

第4節　地方自治体の政策形成を問い直すことの意義　(4)

第5節　地域社会の自己嫌悪と対処方策　(6)

第6節　地方自治体と心理性　(7)

第7節　本書で何をどのように明らかにするのか　(14)

第8節　議論の流れ　(18)

第2章　神戸市とファッション ································ 21

はじめに　(21)

第1節　地域像と問題点　(22)

　　　──「新しい町」における「伝統の無さ」──

第2節　地方自治体神戸市のファッション都市事業と説明枠組み　(35)

おわりに　(53)

第3章　水俣市と水俣病 ································ 57

はじめに　(57)

第1節　地域像と問題点　(58)

　　　──「企業城下町」における「公害」──

第2節　水俣病をめぐる動向　(63)

第3節　水俣市における水俣病　(66)

第4節　水俣市政における水俣病への取り組みと説明枠組み　(74)

おわりに　(79)

第4章　むつ市とイタコと原子力　87
──「日本の中心地から離れた場所」における「後進性」と「先進性」──

はじめに　(87)

第1節　地域像と問題点　(89)

第2節　前近代へのノスタルジーとしてのイタコ観光　(94)

第3節　地方自治体むつ市における

　　　　恐山イタコ観光と原子力船母港事業　(110)

第4節　原子力船母港事業への説明枠組み　(122)

　　　　　　──先進性──

おわりに　(131)

第5章　アイデンティティをめぐる地方自治体の自問自答　137

第1節　地域社会の課題といかに向き合うか　(137)

第2節　観光が映し出す影　(140)

第3節　観光地たらしめるもの　(143)

あとがき　(147)

参考文献一覧　(151)

地域社会の課題に葛藤しながら，
試行錯誤し，走り回り，想いを繋いだ
すべての人に，本書を捧げる．

──そして，今日の地域社会に生きるあなたへ．

第1章
地方自治体の政策形成と地域社会が抱える課題

第1節　本書の目的

　本書の目的は，地方自治体の政策形成においてどのような論理が働いている
のか，明らかにすることである．今日，地方自治体は，地域社会における多様
な課題に取り組み，広範な分野において政策を形成している．それぞれの政策
課題に対して，地方自治体はそれぞれに対処を図っている．こうした政策形成
の過程を問うことは，一国の国内政治で作動する政治力学の分析において，非
常に有力な切り口として位置づけられよう．

　地方自治体の政策形成において，重要な論理として繰り返し指摘されてきた
ものとしては，経済的論理がまず挙げられる．地方自治体は，地域の経済発展
を図るべく，地域経済の活性化策を講じることがある．ゆえに従来，もっぱら
地域社会における経済的課題への対処方策として，地方自治体の政策形成は捉
えられてきた．しかしながら，改めて指摘するまでもなく，地域社会における
課題とは必ずしも経済的課題に限定されるものではない．

　ここで指摘できるのが，地域社会における心理的課題という問題である．例
えば，災害や事故等が発生した地域において，物理的な事後処理が済んだ後，
地方自治体が慰霊行事を執り行うことがある．慰霊碑の建立や慰霊祭の開催と
は，災害や事故等が発生した地域において，住民の内心に関わる課題があるこ
とを如実に示しているだろう．地域社会においてそうした心理的課題があるの
であれば，心理的課題への対処方策をもやはり地方自治体が政策として形成し

ていると想定される.

すなわち,地域社会には経済的課題もあれば心理的課題もある.それに対して,地方自治体は経済的対処方策を講じることもあれば,心理的対処方策を講じることもある.そうであるならば,地域開発や地域振興といった,これまで経済的論理によって捉えられてきたものは,本当に経済的論理のみで説明されるべきなのかという疑問が生じる.これまで,地方自治体の政策形成について経済的論理が強調され,その一方で,心理的側面は指摘されるとしてもせいぜい補助的な論理として触れられてきたに過ぎない.けれども,地方自治体の政策形成に対して経済的論理に基づいて捉えようとする見方は,理論枠組みとして不十分なのではないか.本書では,こうした問題意識をもとに,地方自治体の政策形成を改めて考え直してみたい.

本書は,地方自治体の政策形成における地域社会の心理的課題への対処という側面に注目し,地方自治体の行動を解読しようと試みるものである.

第2節　地方自治体の行動の背景

これまで,地方自治体がどのような論理で行動しているのかについて,多くの政治学研究が解を求めてきた.特に日本の地方自治体を対象とした研究は豊富に報告されている.それら研究群においては,地方自治体を中央省庁との垂直的関係において統制されているものとして捉え,地方自治体の行動を受動性の観点から捉えた研究群は垂直的行政統制論として知見が蓄積されてきた.

あるいは,地方自治体を独立したものとして捉え,地方自治体の行動を主体性の観点から捉えた研究群は水平的政治競争モデルとして知見が蓄積されてきた.

こうした地方自治体に主体性を認めた研究群において,地方自治体が実用的目的を達成するために行動することが説明されてきた.実用的目的を達成する行動とは,工場誘致が代表的事例として挙げられよう.工場の誘致といった目的を達成するために,地方自治体間が相互に競い合うことが指摘されているこ

とからも明らかな通り，地方自治体間に経済的利潤の最大化を図るという共通の論理があると措定することをもって，地方自治体の行動を説明してきた．

その一方で，地方自治体の行動は実用的目的に沿うものばかりではない．そうしたことは，閑散とした資料館や博物館が各地に散見される現象から明らかだろう．多くの地方自治体が，それぞれに縁のあるテーマを掲げて資料館や博物館といった形で外部からの来訪者を対象に展示を行っている．しかしながら，それらの多くに入込客数は見込めず，経済的利益を出さないどころか経済的損失すら生じる状況であることが指摘されよう．

そうした資料館のみならず，ゆるキャラが乱立する状況も看過できるものではない．ゆるキャラとは，地域の特徴を具現化した地域キャラクターである．地方自治体がゆるキャラの作成を通して地域を特徴づけ，ゆるキャラの活動を通して地域を知ってもらうことによって，果たしてどれほどの経済的利益が期待できるのか．近年の状況に鑑みれば，非常に数多くの地方自治体がゆるキャラを作成し，利用している．

このように，地方自治体は非実用的な行動を取っている．経済的利益が期待できないものに予算を付け，職員を動かす．

なぜ，地方自治体はそのように非実用的な行動を取るのか．担当者が発案したから．広告会社が手助けしたから．そのように個々の努力との関連性に焦点を当てられることがしばしばある．しかしながら，なぜ地方自治体が非実用的な行動を取るに至ったのか，その論理をこれまでの政治学では明らかにしてこなかった．

これまで，地方自治体の行動は実用的目的をもって説明されてきた．つまり，経済利潤という目に見える数字を重要視してきたのである．その結果として，説明を与えることを可能とした地方自治体の行動は限定的なものになっていたと指摘せざるを得ない．地方自治体を実用的行動を取る政治主体とのみ措定したことにより，地方自治体の非実用的行動に対する説明を困難としてきた．地方自治体の非実用的行動を説明できないことが，これまでの政治学の限界点として指摘できよう．

第3節　分析の視角

　では，なぜ地方自治体は非実用的な行動を取るのか．この問いを解くにあたり，行為主体の行動を非実用的とされる心理的側面からの説明を与えてきた社会心理学は示唆に富む知見を提供している．社会心理学は，行為主体による行動を，行為主体の置かれた社会的状況と，行為主体の心理との繋がりから，それらの間の法則性を見出してきた学問である．

　社会心理学は，行為主体を実用的行動を取る主体とのみ措定しない．社会心理学の知見を通して説明可能となるのは，非実用的行動に結実する行為主体の心理である．すなわち，行為主体を心理的論理に基づくものと措定し，その行動を「心理」という不可視なものが可視化されたものとして捉えるのである．

　社会心理学において報告されてきた諸理論の中でも，地方自治体の行動原理を捉える際に非常に示唆に富むものとして，社会的アイデンティティ理論がある．社会的アイデンティティ理論は，個人の集合体としての集団の行動をその心理面から説明するものである．詳しくは後述するが，この理論は，集団の置かれた状況がネガティブな場合，集団は自分たちをポジティブに位置づけようと行動する，というものである．

　現実社会において，地方自治体の非実用的な行動が散見される状況に鑑みれば，これまでの政治学の視点では地方自治体を捉えきれていないことは明らかである．地方自治体の非実用的な行動を捉えることを可能とする枠組みこそ，社会心理学が提供してきたものである．そこで，本書は地方自治体の行動に対して，社会心理学の知見を援用する形で説明しようと試みる．

第4節　地方自治体の政策形成を問い直すことの意義

　改めて指摘するまでもなく，地域社会において組織としての地方自治体は重要な役割を担っている．例えば，景観条例を制定することで建造物の高さや看

板の色合いについて，多くの場合は選択肢を限定する形で，地域社会の発展方針を定める．あるいは，空き家の解体に対する予算を付けることで，居住者のいない家屋の取り壊しに対する所有者の金銭的負担を減らす形で，地域社会の防災や防犯対策の布石とする．条例制定や予算の計上以外にも，組織の編成や対外交渉あるいは理念の提唱などを行う形で，組織としての地方自治体は地域社会の運営において重要な役割を担ってきた．

　であるならば，地域社会において地方自治体はどのような役割を担っているのか．換言すれば，地方自治体が地域社会に対して果たす役割とは何なのか．地方自治体の政策を地域社会の抱える課題への対処方策として捉えることが可能であるならば，一体どのような課題にどのように対処しているのか．

　この点において，本書の理論的な意義が認められる．なぜ，地方自治体は非実用的な政策を形成するのか．これまで，地方自治体の政策形成について研究を蓄積してきた政治学において，地方自治体がどのように政策を形成するのかについて説明が試みられてきた．しかしそれら先行研究において，地方自治体における経済的論理に適う政策形成こそ説明を付与してきたが，経済的論理に適わない政策形成については十分な説明を付与できていなかった．すなわち，従来の政治学の常識では説明のつかない現象が地方自治体の政策形成において観察されていたことになる．

　その重要な原因としては，これまでの地方自治体の政策形成について豊富な研究を報告してきた行政学において，経済的合理性が重要概念として取り上げられていたことが挙げられよう．そこでは，地方自治体に関する現象を読解する際，経済的合理性に偏重した読み解きが行われていた．

　その一方で，行政学と同じく政治主体に焦点を当てた研究を蓄積してきた政治学は，経済合理性のみを重視して発展してきたのではなかった．一部の政治学において重視されたのは，心理的論理である．心理的論理は，経済的合理性によっては説明のつかない現象を説明する際に非常に重要な役割を果たしてきた．

　以上のように，地方自治体が非実用的な政策形成を行っているという現実社

会と，政治学ならびに行政学の学術的潮流に基づけば，本書の意義は自ずから明らかである．すなわち，本書の意義は，これまでの行政学において見過ごされてきた心理的論理をもって，地方自治体の政策形成を解読することにある．

　もっとも，言うまでもなく個人や国家においてそれら政治主体の心理的論理は重要である．しかしながら個人や国家と同様に政治主体である地方自治体においてその心理的論理はほとんど検討されてこなかった．本書において地方自治体における心理的論理の重要性が認められたならば，政治主体間のレベルの差異なく，心理的論理を汎用性あるものとして示すことができよう．

第5節　地域社会の自己嫌悪と対処方策

　地域社会には，それぞれが抱える課題がある．各地域社会の置かれた状況に応じて，各々の課題が浮上する．

　しかしながら，そうした課題は，例えば飢餓や飢饉といった生命維持に関することのような，洋の東西を問わず共通する問題点に限定されるものではない．「各地域社会における」課題とは，ある特定の地域社会という文脈において否定的意味を持つ何らかの事実を指すものに他ならない．当然ながら，とある地域社会では課題であったものが，また別の地域社会では課題とならない場合もある．極端な例を挙げれば，識字率の低さは文字を用いる社会においては課題だが，文字を用いない社会においては課題とはならない．あるいは，ある地域社会において使用される言語を理解しないことは，その言語による意思疎通を前提とする社会においては課題だが，その一方で，その言語を使用言語としない社会においては課題とならない．すなわち，課題とはあくまでもそれぞれの社会に独自の文脈において生じるものである．

　ゆえに，地域社会の課題には，地域社会内部の論理においてのみ課題たり得るものも多く含まれる．それは言うなれば，地域社会において渦巻く自己嫌悪，という形で発現することもしばしばである．こうした，地域社会内部の論理において課題たり得る自己嫌悪に対して，何らかの対処方策が講じられるこ

とは想像に難くない.

　そうした対処方策の担い手としては，地域住民の一人ひとりや，商店や新聞社，あるいは交通機関や住民組織等，様々な組織が重要となる．バスや電車といった交通網は人が移動する際に重要であるし，雇用の面から企業は重要な役割を担い，また新聞社は情報発信を行い，加えてそれらが地域社会においてイベントの企画を担うこともある.

　こうした点には十分に留意をしつつ，地域を地方自治体単位という行政区分で捉えた場合，組織としての地方自治体が，その地域社会において非常に重要な役割を果たしていることは容易に想像できる．よって，本書では，地方自治体を単位とした地域社会における，組織としての地方自治体に焦点を当てる.

　本書は，地方自治体の行動を，地域社会における心理的課題への対処方策として捉えて，地方自治体の政策形成過程について分析していく.

第6節　地方自治体と心理性

　本書が分析の焦点とする地方自治体は，どのように政策を形成するのだろうか．地方自治体とは政治主体の一つに分類されるものであるが，政治主体とはどのように行動するのだろう．まず，より一般的に政治主体の行動原理がどのように捉えられてきたのかを概観し，続いて地方自治体の政策形成がどのように捉えられてきたのかを改めて整理する.

1　政治主体はどのように行動するのか

　政治主体とは，国家や個人や国際機関，あるいは地方自治体といったそれらの中間組織を指し，政治的行為者として理解される．政治主体はどのように行動するのか，これまでどのように捉えられてきたのかを確認しよう.

　政治学の一分野を形成してきたのは行政学であるが，行政学は政治学とは異なる文脈において発展を遂げてきた[1]．その結果，行政学において政治主体の合理性が強調されてきた一方で，政治学においては合理性のみならず非合理性を

8

も射程に収めた研究が蓄積されてきた.

　例えば,1930年代に能率をキーワードとして,行為者に対して合理的行動を期待したのは行政学の基礎となる管理学であった (Gulick & Urwick 1937). 行政学において政治主体の行動を合理性に関連付けて理解することは繰り返し行われ,現在においても,政治主体が合理的に行動した結果として政策が出現するとの理解が基礎的知識として共有されている. 具体的には,官僚,組織,地方自治体等の様々なレベルにおいて政治主体の行動が合理性の観点からの説明を試みられる傾向にある. 合理性という概念は行政学に限らず広く政治学においても1950年代から現在に至るまで,合理的選択論という理論とともに,広く受け入れられる概念となっている (Downs 1957; Riker 1962; Olson 1965)[2].

　しかしながら政治学においては,初期の段階から狭い意味での合理性のみならず,主体の非合理性にも着目した研究が行われてきた (Wallas 1908; Lippmann 1922; Lasswell 1948)[3]. こうした知見は,現在でも政治社会学や政治心理学として蓄積されている. この際,政治主体の非合理的行動を理解する手掛かりとなっていたのが,政治主体の心理的側面であった[4].

　すなわち,従来の行政学において政治主体はあくまでも合理的行為者として措定されてきたが,他方で政治学においては政治主体は非合理的行為者として措定されることもあった. こうした非合理的とされる行動に理論的説明を加える際に,繰り返し用いられてきたものが心理学的な要素であった. 対照的に,これまで主に行政学の合理的行為者を前提に検討されてきた地方自治体の政策形成は下位主体の効用の最大化,つまり経済的論理で説明されてきた. しかし,形成された政策が経済合理性に基づかない場合,経済的論理では捉えきれないものが重要となっているのではないだろうか.

　こうした視点に立つものとして,行政学を牽引してきた真渕は,地方自治体の持つ心理的側面の重要性を示唆している. 真渕は,「心意気」や「痩せ我慢」といった心理的な概念の数値化を試みており,地方自治体間の序列的関係を捉えようとした (真渕 2015).

　であるならば,地方自治体を研究対象としてきた行政学の議論に,これまで

政治主体の非合理的行動を読み解く手掛かりとなってきた心理学の知見を導入することは可能なのではないだろうか．本書の狙いは，地方自治体の心理的な特性に着目することで，地方自治体の行動に対して一つの新たな解釈を示すことである．

2　地方自治体の政策形成

　本項では，日本の行政学において，地方自治体の政策形成がこれまでどのように理解されてきたのかを概観する．日本において地方自治体とは従来，政策形成の能力を期待されず，中央政府のいわば言いなりに政策形成を行うとする捉え方が，1970 年代までの主流であった．こうした視点に立った研究群は垂直的行政統制論として蓄積されている．そこでは，地方自治体が中央政府からの影響を一方的に受け止める一面が強調された．その後，革新自治体の登場を後追いするように，地方自治体の主体性が強調されるようになった．こうした流れに沿った研究群は地方政府論と呼ばれる[5]．そこでは，地方自治体の政策形成は，地方自治体が主体的に行うものだと捉えられ，自治体内部の論理が強調されるようになった[6]．

　こうして，地方自治体は一つの独立した政治主体として捉えられるようになっていく．しかしながらこのことは，地方自治体は何ものからも独立して常に独自に政治的判断を行うようになったことを意味するわけではない．ここで重要となってきたのは，主体性を有することを前提とした，他の地方自治体との相互的な関係性であった．

　自治体間が相互関係の中で政策形成を行っていることを指摘したのが，相互参照論である（伊藤 2006）．相互参照論において，自治体は互いの政策に学び合うことを通して政策を形成し，自治体総体として政策が発展していくとする一面が指摘された．つまり相互参照論において，自治体間の関係性は協調的なものとして捉えられたのである．

　しかしその一方で，自治体間の関係性を競争的なものとして捉えた研究もある．水平的政治競争モデルである（村松 1984a; 1984b）．本モデルは，工場誘致

を目的として各自治体がより好条件での誘致を競い合うといった行動パターンを想定している．水平的政治競争モデルにおいては，自治体間の関係性は競争的なものとして捉えられていた．

つまり，協調的関係性において政策は自治体間で似通ったものとなり，反対に，競争的関係性において政策は自治体間で異なっていることが重要となると考えられる．先述した真渕は，例えば公立図書館の蔵書数といった文化的要素や，鉄道駅や空港の所在といった交通網的要素などを検討することで，地方自治体の心意気を捉えようとした．真渕の議論においても，伊藤と村松の指摘と同様に，より「風格がある」とされる他の自治体との共通化，そうでない自治体との差異化を図る意識の双方が議論の前提となっていることが読み取れる（真渕 2015）．

こうした視点を共有するものとして，社会心理学を牽引してきた辻村がいる．辻村は真渕と同様に，地方都市の風格を捉えようとした（辻村 2001）．彼ら双方に共通するのは地方都市（の発展）を捉えるにあたり，気概を前提とした点である．もっとも，気概すなわち心理的側面が重要であると位置づけたこれらの研究は，これまでそれぞれ異なった学問領域で蓄積されてきた．

学問領域間の知見を共有するならば，本書の焦点である地方自治体の観光政策はどのように形成されると捉えることができるのか．基本的に，観光とは観光客誘致を図ることを目的として，地方自治体は競争的な関係性のもとで互いに異なった観光資源を活用していると考えられる．本書では互いに異なる観光資源を活用しようと地方自治体間で競争的関係が意識されると仮定し，地方自治体の観光政策形成がどのような原理に基づいているのかを検討する[7]．こうした競争的関係を前提として，さらに地方自治体の行動を解釈する手掛かりを心理学における理論に求めたい．

3　社会集団の行動原理

そこで本項では，地方自治体という具体的な集団名を取り除いて，集団一般の行動原理に関する知見を得たい．政治学において，心理に着目した研究は政

治社会学や政治心理学といった研究領域で蓄積されてきたが，ここで有用な理論的視座を提供してきたのは社会心理学であった．社会心理学とは，社会的条件と，心理と，行動との間の法則性を明らかにするものとして，人間社会における心理の意味を問うてきた学問である．

（1）社会的アイデンティティ理論

社会心理学において，集団間の関係性を競争的なものとして捉える前提のもと，その集団の行動原理を成員の心理的側面に関連付けて説明したのが，社会的アイデンティティ理論である (Tajfel & Turner 1979; 1986)[8]．社会的アイデンティティ理論では，人間社会を集団単位に分類して捉えることを前提としている．まずはこの前提となった実験，すなわち最小条件集団実験について確認したい (Tajfel 1970)．最小条件集団実験とは，人が人間集団間の弁別を行うのは最低限どのような条件がそろった時なのかを明らかにした実験である．

当時，人間集団間の弁別は肌の色や宗教や社会階層といった価値体系に起因するとの理解が一般的であった．これに対して，本実験は事前に集団間に差異が無く利益対立や敵対関係がない状況においてさえ人は集団間を弁別するということを明らかにした．加えて本実験で明らかになったことは，人が集団間を弁別する際にはバイアスを持って弁別し，自己の所属しない集団に対しては競争的になるということであった．すなわち，最小条件集団実験から導き出されることは，集団間の関係性を競争的にする要因は，集団の置かれた状況等にあるのではなく，ある社会集団へと分類されることそれ自体によるものである，ということである．

であるならば，なぜそのように競争的な行動を取るのかという問いが導出される．最小条件集団実験で明らかになった行動パターンを説明する理論として考案されたのが，社会的アイデンティティ理論である．

社会的アイデンティティ理論は三つの心性を前提に置く．一つ目は，個人は肯定的な自己概念を求めるというものである．その際，ある社会集団とその集団の成員であることが，自己概念を捉える際に関連する，というのが二つ目で

ある．三つ目は，その自己概念とは外集団（自己が所属しない集団）との比較に基づいて，良い悪い等の価値体系において決定される，というものである．

　この三つの前提をもとに導き出された本理論の仮説は，内集団（自己の所属する集団）と外集団（自己の所属しない集団）との比較を通して，内集団を肯定的に評価しようと働きかける力は，ある集団が他の集団からの差異化を試みる結果につながる，というものであった．

　社会的アイデンティティ理論が前提とする心性に基づいて，肯定的な自己概念を獲得する具体的な方法についても，本理論の提唱者タジフェルとターナーは提示する（Tajfel & Turner 1979;1986）．まず，個人が集団間を移動することが可能な場合は，肯定的な集団概念を持つ集団に移動することで，個人は肯定的な自己概念を獲得する．次に，個人による集団間の移動が不可能な場合，二つの選択肢が想定される．一つは，ライバル集団に対して自らの正当性を争う（社会的競争），あるいはもう一つの選択肢として，争わないという選択肢がある（社会的創造）．この社会的創造とは，新しい比較次元を発見する，それまでの否定的価値を肯定的価値として捉え直す，あるいは比較対象の集団を選び直す，といったものを想定している．

　後に，社会心理学者であるテイラーとモグハッダムは本理論が指摘する具体的な行動を取る前段について触れている．肯定的な集団概念を獲得しようとする行動を取る前段において，その集団の集団概念は改善の余地があるものとして捉えられていることが前提となる（Taylor & Moghaddam 1994: 81-83）．

(2) 社会的アイデンティティ理論の観点と地方自治体への適用

　以上，社会的アイデンティティ理論の重要なポイントについて確認してきた．社会的アイデンティティ理論は，集団に属する個人の心理と行動の繋がりについての知見を提供するものである．他方で，行政学において地方自治体は主体性を有する自律した政治主体として措定されてきた．

　地方自治体による多岐にわたる政策領域の中でも，観光政策とは地方自治体を相対的に位置づけることに特徴がある．つまり，地方自治体の政策形成にお

いて，他の自治体との関係性が重要な前提となるのが観光政策である．

　本書においては，他集団との関係性を理論の射程に収めてきた社会的アイデンティティ理論の考え方に基づき，その含意を地方自治体に適用しようと試みる．すなわち，社会的アイデンティティ理論を拡張する形で，社会的アイデンティティ理論の観点を地方自治体の行動原理に関する理論枠組みに導入するものとなる．したがって，地方自治体の行動に社会的アイデンティティ理論を適用するには限界があることは留意する必要がある．

　しかしながら，地方自治体を自律した政治主体として措定できるのであれば，この限界点を踏まえてもなお，地方自治体の集団概念とその行動原理は非常に重要な繋がりを持っているのではないだろうか．

　その上で社会的アイデンティティ理論の含意を用いるとするならば，地方自治体の行動に対して，肯定的な集団概念獲得への模索という解釈が新たに可能となるのではないだろうか．

(3) 観光政策をどう捉えるか

　地方自治体の行動原理，とりわけ観光政策の形成過程を捉えるにあたり，社会的アイデンティティ理論を援用すると何が観察可能になるのだろうか．一つ目は，ある特定の価値体系において否定的に意味づけられた集団概念が先行して生じることで，行動が促されることである．二つ目は，その行動というのは，肯定的に意味づけられた集団概念を強調しようとするものだということである．

　以上より，地方自治体の観光政策とは，自治体内において集団概念が否定的に理解される状況において，とある要素（観光資源）を活用することで当該自治体の肯定的な集団概念を強調する方策である，と理解できよう．すなわち，地方自治体の集団概念に対してより肯定的意味を付与しようとする試みとして観光政策を捉えることが可能なのではないだろうか．

　もっとも，社会的アイデンティティ理論は他集団との競争的関係性を理論的根拠としており，そうした状況における集団の差異化を図る行動を解釈可能と

するものである．ただし本書では，こうした社会的アイデンティティ理論の構成要素となっている他集団との関係性は分析の主な対象とは位置づけていない．あくまでも地方自治体を集団となぞらえるならば，その行動の根拠として社会的アイデンティティの重要性を看過できないのではないかと問うものである．

第7節　本書で何をどのように明らかにするのか

1　理論枠組み

　社会的アイデンティティ理論とは，集団単位での社会的アイデンティティが肯定的であることを求めると仮定する心理的動機をもって，集団の行動を説明する[9]．心理的動機に基づいた行動として，新たな社会的アイデンティティの創出を行う．例えば，価値観の見直しや，新たな比較次元の発見が想定されている．もっとも，あらゆる状況において，社会的アイデンティティの創出の必要性が認識されるわけではない．社会的アイデンティティ創出の行動を取る際に重要なのは，先行して集団の社会的アイデンティティを不適切であると認識する状況があることである．社会的アイデンティティの不適切性が認識される状況において，新たな社会的アイデンティティを創出する行動がとられる．こうして，集団としての社会的アイデンティティが抱えていた不適切さに対して，社会的アイデンティティ上の作業を通して対処しようとする行動を強調するのが社会的アイデンティティ理論である[10]．

　この社会的アイデンティティ理論を通して明らかになるのは，集団単位での問題点を認識している状況において，社会的アイデンティティを操作することは，問題点への対処方策として非常に重要であることである．

　この理論を地方自治体の行動原理に援用するならば，地方自治体の心理的動機に基づく行動を捉えることが可能となると考えられる．すなわち，地方自治体の行動における，社会的アイデンティティ上の問題点とそれへの社会的アイデンティティ上の対処方策である．

もし，以上のように捉えることが可能ならば，地方自治体の政策形成は「心理的に認識された問題点の心理的対処方策」の表れとして理解できるのではないだろうか．そういった観点から，本書では地方自治体の地域開発事業について，それが何を目的とするものであったのかという点に着目しつつ事例を分析していきたい．

理論枠組みの有用性を検討する準備として，「問題点」について定義しておく．不適切であると心理的に認識された「問題点」とは何を指すのか．本書では，「問題点」を，地方自治体あるいは地方自治体を含む広域的な地域を対象とした，「地域内で共有された地域像において，否定的意味を持つもの」と定義する．なお，地域像とは，ある地域に対する理解が特定の地域像として結ばれる際に焦点を当てられた性質を指している．

2　方　法

地方自治体の行動原理を捉える際に，社会的アイデンティティ理論の視点は有用なのか．社会的アイデンティティ理論の有用性を検討するために，本書では複数の事例分析を行う．特定の事例を取り上げて過程追跡を行うことで，地方自治体の行動が社会的アイデンティティ理論によって示唆され得るものなのか否かを検討する．

では，社会的アイデンティティ理論を取り上げるにあたりどのような事例を選定するのが適切なのか．第一に，社会的アイデンティティ理論は，集団の置かれた状況に対して否定的な問題認識を有する場合における集団の行動を説明するものである．よって，否定的な問題認識を有していない状況にある集団の行動に対して，説明を与えるものではない．したがって，本書が射程に収めるのは何かしら否定的な問題認識を有する状況にある地方自治体であり，反対に，否定的な問題認識を有していない状況にある地方自治体は議論の対象に含めない．

第二に，社会的アイデンティティ理論は，集団の置かれた状況に対して否定的な問題認識を有する場合において，集団が自分たちを肯定的に位置づけよう

とする行動を説明するものである．集団が集団を肯定的に位置づけようとする際の集団には，三つのパターンが想定される．一つ目は，ポジティブな資源を有する集団．二つ目は，ネガティブな資源を有する集団．そして三つ目は，ポジティブな資源とネガティブな資源を併有する集団である．まず一つ目の，ポジティブな資源を有する集団においては，そのポジティブな資源を用いることで，否定的な問題認識に対処することが想定される．では，二つ目の，ネガティブな資源を有する集団においては，集団はどのように行動するのか．さらに，三つ目の，ポジティブな資源とネガティブな資源を併有する集団は，ポジティブとネガティブをそれぞれどのように取り扱うのか．

三つの事例分析を通して，社会的アイデンティティ理論が示唆する集団の行動原理の有用性を検討していく．

3 事　例

複数の地方自治体を事例として分析することで，理論的視座の有用性を検討する[11]．問題点に対処した地方自治体は具体的にどのような対処方策を講じたのか．ここでは，それぞれに異なる問題点を抱え，問題点への対処に動いた地方自治体として，神戸市，水俣市，むつ市を取り上げる[12]．

神戸市，水俣市，むつ市は，それぞれ上の三つの理論枠組みの中に位置づけられている．否定的問題認識に対してポジティブな選択肢を擁した事例として神戸市，また否定的問題認識に対するネガティブな選択肢を擁した事例として水俣市，そして否定的問題認識に対するポジティブな選択肢とネガティブな選択肢を併有した事例としてむつ市に焦点を当てる．

なお，これら三つの事例におけるそれぞれの否定的問題認識は，日本の高度経済成長と関連する形で発現する．1950 年代から 1970 年代にかけて日本社会が高度経済成長を遂げていた頃，これら三つの地方自治体はそれぞれの事情による否定的問題認識を有する状況にあった．当時，日本社会の高度経済成長を下支えしたのは重工業産業であった．これに伴い，各地域社会においても重工業産業の生産活動によって地域経済の拡大が達成されていた．しかしながら，

高度経済成長に寄与する重工業産業が花形であった状況に，すべての地方自治体が適応できていたわけではなかった．

　まず第一事例である神戸市において，重工業産業の経済規模は停滞状況にあった．また第二事例である水俣市において，重工業産業の生産活動により公害が発生していた．第三事例であるむつ市は，重工業産業施設を擁さなかった．これら各事例において，「高度経済成長を下支えする重工業産業」に対して，それぞれに否定的問題認識を有した状況にあった地方自治体はどのような行動を見せたのか．次章以降において，それぞれ確認していきたい．

　改めて指摘するまでもなく，これら三つの事例と同様に，高度経済成長期における重工業産業の重要性に対して，それぞれの事情によって否定的問題認識を持ち合わせた地方自治体は，日本各地に散見されていた．本書は，そうした高度経済成長を支える重工業産業に対して否定的問題認識に直面した地方自治体の事例として，神戸市，水俣市，むつ市を取り上げている．

　もっとも，本書における事例選定は，あくまでも理論枠組みとの関連で行ったものである．事例選定の最重要事項は，否定的問題認識に対してそれぞれの対処方策たり得る選択肢を擁する地方自治体を取り上げることである．こうした最重要事項に付け加えて，それら事例が日本の地方自治体であることから示唆を得るならば，高度経済成長期における重工業産業への否定的問題認識が挙げられる，と指摘するものである．

　加えて，これら三つの事例間でそれぞれに異なる政策展開が想定されるため，比較の視座からそれぞれに役割を持たせている．神戸市においては単一事例を取り上げ，水俣市においては通時比較を可能とする事例を取り上げ，むつ市において共時比較を行う．まず，神戸市の事例から，一つの事業を開始する動向に焦点を当てる．続いて，水俣市の事例から，一つの事業を開始するより前段にも焦点を当て，開始できていなかった状況と開始できた状況に焦点を当てる．そしてむつ市の事例から，ある一つの事業を中断していく様子と，同時期にまた別の事業を継続する様子を取り上げる[13]．

4 資 料

以上のような，それぞれの事例間における位置づけの違いから，それぞれの目的に沿った資料を用いる．それぞれの実証段階に応じて，使用可能な資料を収集しており，資料の形式は可能な限り揃えている．

まず地域社会における認識を，地方紙や郷土資料といった，各地域社会に現存する資料を用いて確認する．また地方自治体の動向や説明枠組みを，行政刊行物や市議会関係者の発言から確認する．加えて，地域の捉え方を知る手掛かりとして，地域教育の関係者や教材によって確認する．さらに，地域社会や地方自治体内部の状況や，取り巻く環境については，内外から観察してきた人物の発信に焦点を当てて確認を進めていく．

これら資料を通して，否定的問題認識とそれに対処し得る説明枠組みに焦点を当てながら，地方自治体の政策形成について考察していきたい．

第8節　議論の流れ

本書の流れは以下の通りである．第2章，第3章，第4章ではそれぞれ事例分析を行い，理論枠組みの有用性を検討する．第2章には神戸市のファッション都市事業，第3章では水俣市の環境事業，第4章ではむつ市の観光事業と原子力事業に焦点を当て，社会的アイデンティティ理論に示唆を得た理論枠組みを通してそれら事例を捉えようと試みる．最後に，第5章において，地方自治体は，地域社会の心理的課題への対処方策として政策形成を行う一面があることを論じていく．

注
1)　行政学の理論展開については今村・武藤・真山・武智 (1999) などを参照した．
2)　政治学における合理的選択論の展開については三宅 (1981) などを参照した．
3)　それら代表的研究の学問的位置づけは佐々木 (1989) を参照した．
4)　政治学の理論展開については中谷 (2005) などを参照した．
5)　代表的なものとして，Nordlinger (1981)，大森・佐藤 (1986)，Reed (1986) などがある．

6) 地方自治体の政治学的な位置づけなどに関しては，例えば曽我・待鳥（2007）の第1章を参照した．

7) これまでに観光を政治的判断との関連で論じたものとして，Richter（2009）や Wood（2009）などがある．

8) 社会的アイデンティティ理論については Hogg & Abrams（1988）や柿本（1997）などを参照した．

9) 社会的アイデンティティ理論は，集団に属する個人が所属集団の社会的アイデンティティを自己のアイデンティティに結び付けて理解する心性を有し，その心理的動機に基づいた行動を取ることを明らかにした実験結果に対する考察として提唱されたものである．1970 年代に繰り返し行われた実験であり，最小条件集団実験として蓄積されている（Tajfel 1970）．当初は 64 人の集団に対する実験からはじまったこの実験に対する考察は，国家や民族単位における行動を集合現象として概念化する際に援用されてきた．紛争研究で繰り返し援用され（Horowitz 1985; Eriksen 2001; Kelman 2001）．また国単位での議論においても社会的アイデンティティ理論の有用性は報告されている（Stein, 2001）．

10) 社会的アイデンティティの不適切性に触れたのはテイラーとモグハッダムである（Taylor & Moghaddam 1994: 81-83）．

11) もっとも，地域像における問題点への対処方策を講じる行為主体は，地方自治体に限定されるものではない．地域社会に重要な行為主体として，地方自治体のみならず，地方新聞社や各種団体，また社会運動家などが想定される．本書はそれら行為主体の行動に着目するものではないが，それら行為主体の重要性を否定するものではない．焦点を当てるのは地方自治体の行動であるが，その行動への解説や，地域像や問題点といった認識を捉える際には地方紙や社会運動家の発信に依拠するところもある．

12) 地域像において否定的意味を持つ問題点を有する場合において，あらゆる地方自治体が対処策を講じるわけではないことは想像に難くない．問題点を有する場合において，対処する地方自治体と，対処しない地方自治体に区分できるが，その中でも，本書は対処した事例にのみ焦点を当てるものであり，対処しない事例は取り上げていない．

13) なお，これら三つの事例における共通点として，港を有する地方自治体であることが指摘されよう．これにより，港湾関係者らに焦点を当てながら各地方自治体や地域社会の動向に対して解釈を試みることは，一つの有用な手法たり得ると想定される．しかしながら，本書は地域社会の全体像を描き出すことに主眼を置くものであり，そのため本書では港湾関係者の動向のみを分析対象としていない．折に触れ，事例分析において港湾関係者らの動向にも触れるが，本書において港湾関係者は地域社会の構成員の一部として位置づけるものである．もっとも，港湾関係者が重要であっただろうと予想される近代の海港行政においてさえ，実際は最重要アクターが不在であったという事実は稲吉（2014）において詳細に明らかにされている．

第2章
神戸市とファッション

はじめに

　1950 年代から 1970 年代にかけて日本社会が高度経済成長を遂げる中，多くの地域において重工業産業やその関連産業が発達し，それに伴い経済規模は拡大した．同時期の日本社会においてなお，重工業産業を中心とする地域経済が停滞した地域もあった．経済成長が主題であった当時の日本社会において，地域経済の停滞に直面した地方自治体は，自治体の指針に何を見出してきたのか．

　本章では，そうした状況に置かれた地方自治体として，神戸市に焦点を当ててどのように対処したかを確認していきたい．神戸市は，1970 年以降，まちづくりとしての地域開発事業に関する理念を提唱する宣言の類を発表してきた．なお，それら宣言群のうち，当初の二つに関しては，平和と環境保全といった一般的理念の提唱であり，特異な内容ではない[1]．これら宣言群の三つ目以降では，具体的な地域開発事業の指針を示すものが提唱されている．それらの始まりであったのが，1973 年の「神戸ファッション都市宣言」であった．

　現在，神戸市経済観光局にはファッション産業課があり，ここで管理する施設の一つに神戸市立ファッション美術館がある．そこでは，洋装に関連する情報や実物が展示されている．当館は 1997 年に開設され，洋服文化の歴史について学ぶことができる施設となっている．このファッション産業課や神戸市立ファッション美術館の存在が示すように，神戸市は「ファッション」を自らの

政策上の重要なコンセプトとして採用し，それに沿った事業を展開してきた．ファッションに焦点を当てた政策の起源は，神戸市長が 1973 年に行ったファッション都市宣言にさかのぼることができる．この宣言以降，神戸市はファッション都市事業を展開させてきた[2]．

　しかし，ここで一点の疑問が生じる．神戸市がファッション都市を謳う必要性とは一体何だったのか．神戸市立ファッション美術館の展示の中心が洋服であることに着目すれば，神戸市が掲げた「ファッション」の中核的役割を担うものは洋服であろうと推察される．とするならば，神戸市において洋服文化はどのように重要なのか．

　なお，神戸市の都市政策と地域社会の動向に関しては蓮見・似田貝・矢澤（1990）に詳しくまとめられている．本章が着目する 1970 年代を中心とした神戸市政や地域社会の動向は蓮見・似田貝・矢澤（1990）を議論の土台としている．また，1970 年代の神戸市政において指針を示したとされる宮崎辰雄市長と神戸市政との関わりについては，高寄（1992；1993a；1993b；1993c）に詳しくまとめられており，こちらも適宜参照した．

第 1 節　地域像と問題点
——「新しい町」における「伝統の無さ」——

　本節では，神戸市が急速に発展を遂げた町であることを確認し，それを経済的に支えた重工業が重要産業であったことを確認していく．ただし，神戸市経済の停滞が生じたのち，神戸市関係者らが焦点を当てたのは重工業産業ではなかった．彼らは急速に発展を遂げた一面に焦点を当て，神戸市を「新しい町」として捉えていた．

1　重工業経済の発展と停滞

　本項では，神戸市が急速に発展を遂げたことと不可分であった経済発展に着目する．神戸港を擁した神戸市において重工業産業は非常に重要な産業であっ

た．神戸市は地域経済の発展と共に成長を遂げた地域であった．しかしながら，重工業産業を中心とする地域経済は1960年頃から停滞を見せ始めていた．

(1) 急速に発展した町

「神戸という都市の急激な成長の歴史は，近代日本の経済発展の1つのシンボルであったといってもよいだろう．1867（慶応3）年の兵庫開港の後，神戸は，1889（明治22）年の市政施行時に早くも人口13万4700人に達し，1920（大正9）年の第1回国勢調査では，東京，大阪に次ぐ第3位の人口（約60万人）を記録した．第2次世界大戦中の疎開や戦災により1945年11月には37万人まで減少したものの，戦後再び増加し，現在は140万人を突破している．しかしながら神戸は，産業構造や地域開発という面では，決して日本の典型的都市であったわけではなかった．国際的な貿易港という圧倒的に大きな存在をかかえる都市として，日本都市全体の中ではやや特殊な歴史を歩んできたといえるだろう」（町村 1990：57）．

都市社会学者，町村敬志は神戸市をこう観察する．曰く，神戸は市政施行以前から急速に発展を続けてきた．その契機となったのが兵庫港（現・神戸港）の開港であり，神戸の発展に貢献した．貿易港を擁する神戸市において，重工業を中心とする企業活動が行われていたのである．「急速に発展を遂げた町」は経済活動と不可分なものとして捉えられていたと理解できよう．

実際に，神戸市が東京，大阪に次ぐ第三位の地位にあったのは人口だけではない．表2-1の通り，株式上場企業のうち神戸市内に本社を置いていた企業数においても，東京，大阪に次ぐ第三位の地位にあった．神戸市は，企業活動の中心的役割を担う本社機能を置くに適した都市であったのである．

ただし，株式上場企業の本社数が1907年から1950年に至るまで，東京や大阪ではその数が2倍以上に増加している一方で，神戸市はほとんど横ばいである．東京や大阪が本社数を増加させる状況と照らし合わせると，神戸が本社機能を置く場所として優位な状況でなかったことが推察される．

表2-1　神戸市内に本社を置く株式上場企業数の推移（1950年まで）

	1907年	1935年	1950年
1	東京　161	東京　328	東京　413
2	大阪　52	大阪　125	大阪　113
3	神戸　27	神戸　26	神戸　28

出典）神戸市市長総局（1988：298）表Ⅱ－1－2を筆者修正.

(2) 重工業経済の停滞

　貿易港への近さといった立地を利用して，神戸市は重工業産業の生産拠点となってきた．重工業施設が立地するという特徴を持つ神戸市だが，実際には，神戸経済は「60年代からすでに斜陽化ないし衰退の『危機』に直面していた（町村1990：65）」という．なぜならば，「高度経済成長期を迎えると，市内では工業用地の不足や公害問題発生などにより生産規模を拡大することが困難となった．また，国の大都市政策は，大都市での工場立地を大きく制限し，工場の地方分散を目的とするものであった．このため，工場の市外流出が進み，神戸の工業のウェイトは徐々に低下するに至った」（神戸市市長総局1988：205）からである．

　神戸港の全国的地位の低下を指摘した町村（1990：66）によれば，神戸港の輸出入における対全国比は次第に低下していた．表2-2の通り，1955年には輸出額の42％を占めていたが，その10年後の1965年には30％へと急速にその割合を低下させている．また輸入額においては，1955年には23％を占めていたものの，1965年には14％となっている．

　また輸出入総額の全国比において，長らく第一位の座を占めていた神戸港であったが，1967年にはその座を横浜港に明け渡していた．

　さらに，製造品出荷額の対全国比は，1960年に2.4％であったものが，その後1965年に1.9％，1970年に1.6％となり，減少傾向を見せていた[3]．

　加えて，他都市に中枢機能を置く企業が増加したことにより，神戸市に本社を置く上場企業数はほとんど増加を見せなかった．すでに確認した通り，

第 2 章 神戸市とファッション　*25*

表 2-2　神戸港の全国的地位

	1955 年	1965 年
輸出額の対全国比	42%	30%
輸入額の対全国比	23%	14%

出典）町村（1990：66）を筆者修正.

1907 年から 1950 年までは上場企業の本社数において神戸市は東京，大阪に次ぐ第三位の位置を占めていた．しかしながら，**表 2-3** の通りそれ以降も本社数を飛躍的に増加させる他都市に比して，神戸市の漸増状況は芳しいものではなかった．

　本社を数多く擁した東京や大阪と比べると，神戸市との差は大きく開き，その差が縮まることはなかった．他方で，1950 年の時点で神戸市よりも本社数が少なかった名古屋市が，1960 年には神戸市の本社数を上回った．また横浜や京都も本社を置く上場企業を増加させていた．

　こうした，企業活動の中枢機能を置く場所として神戸市の地位の相対的推移は，神戸証券取引所の顚末にも表れている．1949 年に神戸証券取引所は戦後再開されたが，その後 1967 年に解散している．ここからも，産業都市神戸が相対的に斜陽化していたことが読み取れる．

　以上の通り，1960 年頃から神戸市経済は衰退し，重要産業であった重工業経済にも陰りが見えていた．経済的に斜陽化し始めたとはいえ，重工業はなおも神戸市において重要であった．

(3) 神戸市出身者によって描かれた神戸市地域像：重工業の街

　神戸市出身者による小説として，神戸を重工業の生産拠点として描いた作品がある．灰谷健次郎の『太陽の子』である．本作は，後にテレビドラマ化や映画化され，あるいは演劇作品として繰り返し上演された話題作として知られる．

　『太陽の子』は，『太陽の子　てだのふあ』という作品名でも知られる．本作

表2-3 神戸市内に本社を置く株式上場企業数の推移（1977年まで）

	1935年	1950年	1960年	1977年
1	東京　328	東京　413	東京　595	東京　828
2	大阪　125	大阪　113	大阪　185	大阪　251
3	神戸　26	神戸　28	名古屋 65	名古屋 65
4	名古屋 23	名古屋 24	神戸　43	神戸　39
5	横浜　16	横浜　19	横浜　23	京都　36
6		京都　16	京都　20	横浜　33

注）1935年の本社数第六位の都市はデータなし.
出典）神戸市市長総局（1988：198）表Ⅱ-1-2を筆者修正.

は，1976年1月から1978年6月まで雑誌『教育評論』に掲載された連載小説であり，児童文学に区分される．連載小説であった本作は，1978年に連載が終了した直後の同年に理論社から単行本として出版されている（灰谷1978）.

　本作の単行本における著者紹介欄に拠れば，灰谷は神戸市に生まれており，単行本出版時の居住地は神戸市内であった．また灰谷は，小学校教諭として勤務したのち，児童文学の編集や執筆を手掛けた人物である．すなわち，神戸市を舞台とした『太陽の子』において描かれている神戸の街とは，地域社会の外側の視点で捉えたものではない．灰谷の来歴から明らかな通り，本作における神戸の街は，神戸市内に居住する元小学校教諭が児童一般を対象として，地域社会内部の視点で捉えたものである．以上から，神戸の地域社会における神戸地域像が，本作において示されているのではないかと推察する.

　『太陽の子』は神戸市を舞台とする，神戸で生活する沖縄出身者らの葛藤を主軸に置いた作品である．本作が描いた時代は，「沖縄の戦争は三十年前に終わっている」（灰谷1978：281）頃であると記されているので，1975年頃と理解できる．ただし，単行本のあとがきに，本作を書く決心をしたのが5年前のことだったと記されている．ここから，1973年ごろから構想を練っていたことが推察される．また，本作を書き終えるのに2年半をかけたとも記されている．ここから，1975年頃から執筆作業に取り組んでいたことが推察される（灰谷1978：365-366）．以上から，『太陽の子』は1970年代前半における構想作業に

基づいていると理解できよう.

　では，1970年代前半における神戸はどのような特徴を持った地域として描かれているのか．これについては第2話において詳細に記されている．ここで作者が紙幅を割いて強調するのは下町としての神戸であった．少し長くなるが，引用して確認していきたい.

　まず，神戸の街は「古くからトアロード，外人墓地，メリケン波止場などといういかにもモダンな風なものがあり，市役所広場の時計を四季の花でかざって，花時計と呼んだり，三宮駅から神戸税関にいたる道をフラワーロードと名づけてみたり，ポートアイランドにポートタワーと，ひどくおしゃれな印象を与える街であった」(灰谷 1978：16) と記している.

　「おしゃれな印象を与える街」とするこの情報には単行本の行数にして5行が割かれていた．これに対して，その後に続く「お化粧をしようにもお化粧のしようのない下町」(灰谷 1978：16) としての神戸市に関する情報は31行にもわたっている.

　下町としての神戸を描く際に焦点を当てられたのが，工場や工場労働者であった．本作の冒頭は「湊川の土手が発達してできたといわれる新開地を，東寄りに海の方へさがると，つきあたりに川崎造船所があり，造船所の正門にいたるまでの界隈は労働者相手の大衆食堂や酒場が軒をつらねている」という記述から始まる．そのあたりは「働く人々の熱気でいつもむんむんして」おり，また「港には小さな造船所，船具店，倉庫などが目白押しにならんでいた」様子が描かれている (灰谷 1978：16-17).

　すなわち，ここで描かれているのは，造船関係の生産活動が行われている様子である．これに続く情報として，特定の場所における造船関係に限定されることなく，他の場所においても重工業製品が生産される様子が描かれている.

　「長屋には人が住んでいるだけでなく，小さな鉄工所や鋳物工場，製罐工場，また，真鍮だけをけずったり切断したりする工場とも店ともつかない所，ワイヤロープを専門にあつかっている店などがあって，ここにはお化粧のしようのないもう一つのミナト神戸の顔があった」(灰谷 1978：17) とある.

すなわち，ここで描かれているのは，重工業生産活動は工場地帯のみならず，居住空間においても行われていた様子である．居住空間においても，重工業の生産活動は不可分であったことが読み取れる．

そして街に響く音の様子が続く．「カーンカーンという鉄を打つ音」，「どこかで機械の回る音がすると，その音を追うようにして，また次の音が聞こえてくる」様子，「電気熔接棒がつよい電気で溶ける音」，「クレーンの動きはじめた音」という重工業生産活動の音が響き渡っている様子が描かれている（灰谷1978：17-18）．

ここで，重工業の生産活動が至る所で行われている様子が，響き渡る音に伴い強い存在感があるものとして描かれている．

以上から，神戸がどのような特徴を持つ地域として描かれているかが明らかである．本作において強調されたのは，重工業の生産現場としての神戸であった．本作が執筆された 1970 年代前半において，神戸の地域像が重工業生産と不可分であったということが分かる．こうした地域像が描かれたことが重要であると同時に，その前提として重要なのは，本作の作者が神戸市内に居住する人物であったことである．すなわち，本作は神戸市民自身のもつ神戸市像が示されたものだと理解できる．

本作における神戸市像は，重工業の生産現場と強く関連付けられたものだった．

灰谷が描いたとおり，「急速に発展を遂げた街」である神戸において重工業はなおも重要であった．しかしながら，実際には神戸市内の重工業経済は停滞し始めていた．すなわち，神戸市を重工業の街とする認識と，重工業経済の状況にはズレがあったといえよう．

その一方で，「急速に発展を遂げた町」は，経済状態がどう推移しようと，変わることのない史実である．実際に，神戸市関係者らが合意した神戸市地域像は，「急速に発展を遂げた町」に関連するものであった．

2 「新しい町」とする神戸市地域像

こうした状況下で，神戸市に対して神戸市内でどのような地域像が結ばれていたのか．神戸市内を中心に講読されている『神戸新聞』において，神戸の町のどういった点に焦点が当てられているのかを確認していこう．

『神戸新聞』において，1970年代に，神戸市長（宮崎辰雄）を中心として神戸市に縁のある文化人との対談や鼎談が連載形式で掲載されていた．これらを参照するとキーパーソンの間で神戸が「新しい町」であるという点で意見の一致が見られていたことが読み取れる．

本連載において，神戸の由来に触れている．宮崎は「神戸は長い間野原だったんですよ．福原遷都などといっても人間はわずかだったですしね」（『神戸新聞』1973年4月26日）として，神戸市の前史が比較的近年まで続いていたことをもって神戸市の由来を説明する．こうした見解が示されたのは一度のみではなかった．「平清盛の時代から貿易をやっていたという史実も語られているようですが，実質的には神戸の歴史は百年余りのことだと思います」（『神戸新聞』1975年5月24日）と述べており，「わずか百年そこそこで大都市になった」（『神戸新聞』1976年9月29日）と繰り返された．

すなわち，神戸とは近代以降において発展を遂げた都市であり，近代以前は人の営みが稀有なものであったとする理解が示されている．近代以降の発展をもって，神戸に対する「新しい町」という地域像が示されているのである．

これら宮崎の発言に対して，対談・鼎談参加者らによる反論や批判は紙面からは確認できず，市長が表明した見解に同調する形で議論は進められていった．この資料に基づけば，神戸を「新しい町」とする地域像が共有されていることが分かる．

3 「伝統の無さ」への着目

同時に，焦点が当てられたのが「伝統の無さ」であった．1973年4月26日付の連載記事は「神戸イメージと神戸文化」をテーマとしたものであった．このテーマに関する鼎談の参加者は，宮崎辰雄神戸市長（当時）と作家の陳舜臣，

そして歴史学者の会田雄次であった．陳は神戸市内で生まれ育った経歴を持っており，また会田は神戸市内で教鞭をとった経験を持つ人物である．この通り神戸に縁のある観察者らが，神戸市のイメージと神戸文化について焦点を当てた鼎談を行った．彼ら三名は，とある一点について意見の一致に至っている．それは，神戸の「伝統の無さ」である．

会田は軽佻浮薄という言葉を用いて，歴史の無さに由来する「軽さ」について述べている．会田は「軽佻浮薄．これは神戸の長所でもあり，短所でもあると思います」と指摘し，これに対して宮崎は肯定してその理由を説明する．「それは神戸の由来を見れば明らかです．たとえば京都は，昔から大都会でミヤコだったところです．だから京都にはなにか歴史を背負った重みがある」．宮崎が神戸との対比で着目したのは京都の歴史性に由来する重みであった．すなわち，会田と宮崎の間で意見の一致が見られたのが，神戸が「軽い」，ということである．

さらに宮崎は続ける．先ほど確認した通り，「福原遷都などといっても人間はわずかだった」ことを理由として，「神戸は出かせぎ，外人部隊の町なんですよ．だから伝統が無い．みんなよそから集まって来て創造するんですね」との見解を示している．この伝統の無さについて，もう一人の鼎談参加者である陳は続ける．「神戸には伝統文化が無いということですが，それだけに"あこがれ"があるんです．（中略）いわば古いものへのあこがれですよ」．しかしながら，宮崎は伝統が無いからこそ創造してきたとする見解を述べている．会田は宮崎を支持した見解を取っており，「権力を目の前にして，町人がひしめいているさまを江戸とすれば，神戸は全く新しい文化を創造したともいえると思います」と述べている．

彼ら三者において，神戸において蓄積されてきたものとして，古いものへのあこがれ，あるいは新しいものの創造をそれぞれ挙げており，ここでは意見の一致は見られない．しかしながら，その前提としている神戸の特徴は共通見解となっている．すなわち，神戸には伝統が無いとする見解である．「伝統の無さ」をもって神戸を特徴づけていたのである．

4 問題点としての「伝統の無さ」

以上の通り,『神戸新聞』において神戸を近代以降の発展をもって「新しい町」とする論考が紙面において繰り返された.加えて,神戸市に縁のある論者らの間で共有された見解は,「伝統の無さ」であった.神戸には京都のような人の営みが蓄積されてこなかったとして,「伝統が無い町」として特徴づけられていた.

「新しい町」とする地域像を文脈として位置づけるならば,新しいがゆえの「伝統の無さ」は否定的意味を持つものとして位置づけられることが分かる.すなわち,伝統の無さは,神戸市という地域社会において問題点となっていた.「新しい町」は「伝統の無さ」を連想させるものだった.

5 アパレル産業の全国的成長と例外でなかった神戸市

(1) 既製服への置換と全国的に成長するアパレル産業

当時,高度経済成長を遂げていた日本社会において,消費生活に変化が生じていた.それは衣服をめぐっても観察されるものであった.日本において,和服を身にまとってきた日本人だが,徐々に洋服を各人が縫うようになっていた.そうした洋服の縫製は,次第に仕立を専門とする業者が担うようになっていた.こうした状況を前提として,1970年代に既製服への置き換えが大きく進んだ.すなわち,アパレル産業の成長である.

東洋経済新報社が『新産業シリーズ』と題して1980年から1981年にかけて出版した一連の書籍がある.当時の日本社会における成長産業として19産業を取り上げている.このうちの一つとして『新産業シリーズ8:アパレル産業』がある.著者は文化産業や繊維産業について著作のある富沢このみである.

同書において,富沢はアパレル産業の成長を衣服を仕立形態別に整理している.なお,富沢が参照した資料は国際羊毛事務局 (1979)『IWS 医療調査年鑑』であると付記されている.

表2-4から,婦人スーツ類においても背広類においても,1970年代において既製服の割合が大きく高まったことが明らかである.婦人スーツ類におい

表 2 - 4　仕立形態別構成比の推移

(単位：%)

		1970 年	1975 年	1978 年
婦人スーツ類	既製服	43.2	71.4	88.3
	イージーオーダー	8.4	3.0	1.5
	注文服（オーダーメイド）	33.7	13.2	5.8
	自家製	14.7	12.4	4.4
背広類	既製服	46.3	63.1	70.1
	イージーオーダー	12.3	14.4	11.0
	注文服（オーダーメイド）	40.5	21.8	17.9
	自家製	0.9	0.7	1.0

出典）富沢（1980：15）表 2 - 1 を筆者修正.

て, 1970 年に既製服の割合が 43.2％であったものが, 1975 年には 71.4％となり, 1978 年には 88.3％まで向上している. また男性用の背広類においても, 1970 年には既製服の割合が 46.3％であったものが, 1975 年には 63.1％となり, 1978 年には 70.1％にまで向上している.

既製服の割合の増加と同時に, 注文服（オーダーメイド）の割合が大きく落ち込んでいる. 婦人スーツ類において 1970 年には 33.7％を占めていたが, 1975 年には 13.2％となり, 1978 年には 5.8％にまで低下している. また, 男性用の背広類においても, 1970 年には 40.5％であったものが, 1975 年には 21.8％となり, 1978 年には 17.9％にまで低下している.

ここから, 既製服が注文服に置き換わったことが読み取れよう. すなわち, 1970 年代において既製服産業が成長産業となっていた.

加えて, アパレル産業の市場規模も拡大していた. 富沢の算出に拠れば, 1978 年のアパレル市場は約 6.5 兆円の市場規模であると推定されている. これに対して, 同時期の家電製品の市場規模が 3 兆円弱であるとし, アパレル市場の規模が非常に大きいものであったことが読み取れる（富沢 1980：18-19）.

第 2 章　神戸市とファッション　*33*

表 2 - 5　アパレル事業所数の上位 10 件（1977 年）

県名	事業所		従業員		出荷額の割合（%）
	数	割合（%）	人数（人）	割合（%）	
東京	5,475	13.0	37,247	7.0	7.6
大阪	4,909	11.6	38,774	7.3	12.1
岐阜	3,743	8.9	27,377	5.2	5.7
愛知	2,785	6.6	23,260	4.4	7.4
埼玉	2,464	5.8	22,985	4.3	4.9
岡山	2,167	5.1	33,515	6.3	9.0
群馬	1,658	3.9	13,219	2.5	2.2
栃木	1,645	3.9	16,148	3.1	3.1
広島	1,498	3.5	20,857	3.9	5.7
兵庫	1,245	2.9	14,252	2.7	3.2
10 県合計	27,589	65.3	247,634	46.8	60.9
日本国内計	42,246	100.0	528,754	100.0	100.0

出典）富沢（1980：43）表 2 - 7 を筆者修正.

(2) 全国に散在するアパレル産業

　では，日本国内で急成長を遂げるアパレル産業は，一体どの地域で生産活動を行っていたのか．アパレル産業の事業所数について，富沢が通商産業省『工業統計表：産業編』をもとに整理した表を作成している．

　表 2 - 5 から明らかなことは，アパレル産業において主要な都府県は東京都や大阪府といった大都市であることがまず挙げられるが，その一方でアパレル産業の主要産地については全国的に散在していたことである．すなわち，アパレル産業は特定の産地のみが際立つ状況ではなかったのである．

　なお，この表において都府県を並べた順は，富沢の整理による「アパレル事業所の上位 10 県」の順である．この表に基づけば，兵庫県は第 10 位に位置づけられている．

　すなわち，アパレル産業は全国に散在しており特定の地域が際立った産地という状況ではない中で，あえて順位を付けるとするならば，その 10 番目に兵

34

表 2−6 　神戸市内のアパレル産業の成長状況

	1960 年	1964 年	1968 年	1972 年
年間販売額（百万円）	658	2,124	5,736	19,675
婦人・子供服卸売業における従業者数（人）	244	644	626	1,573

出典）高寄（1993：57）表 2 を筆者修正.

庫県が位置づけられる，という状況であった.

(3) 神戸市においても成長するアパレル産業

　その神戸市において，アパレル産業はまさに成長産業であった．**表 2−6** の通り，年間販売額と従業者数の変遷からアパレル産業の成長状況は明らかである.

　年間販売額に関して，1960 年に 6 億 5800 万円であったものが，わずか 4 年後の 1964 年には 3 倍以上の 21 億 2400 万円に増加し，さらにその 4 年後の 1968 年には 3 倍近い 57 億 3600 万円に増加，その 4 年後の 1972 年にはその 4 倍近い 196 億 7500 万円に増加していた.

　また従業者数の増加状況からも，アパレル産業が成長拡大を遂げていたことが読み取れる．従業者数は，1960 年には 244 名であったが，4 年後の 1964 年にはおよそ 3 倍近い 644 名に増加し，その 4 年後の 1968 年には 626 名と漸減しているが，その 4 年後の 1972 年には 1573 名へと増加した.

　すなわち，神戸市は重工業経済を主要産業として発展を遂げてきたが，1960 年頃から地域経済に停滞が見られるようになった．折しもその頃，経済規模を拡大させていたのがアパレル産業であった．このように，斜陽化する重工業産業と勃興するアパレル産業が神戸市に併存する中で，神戸市が取り組んだのがファッション都市事業であった.

　「新しい町」と認識された神戸市地域像において，アパレル産業はどのような意味を与えられたのか．続節では，ファッション都市事業がどのような説明枠組みをもって提示されたのかに焦点を当てながら，神戸市の「伝統の無さ」

という問題点がどのように対処されていったのかを確認していこう.

第2節　地方自治体神戸市のファッション都市事業と説明枠組み

1　ファッション都市事業

　神戸市のファッション都市事業は，1972年に神戸市長（宮崎辰雄）がファッション都市づくりを表明したところにまで遡ることができる. 翌1973年に[4)5)]「神戸ファッション都市宣言」が正式に提唱され，神戸市のファッション都市化が急速に進められてきた. 神戸市議会議事録によると，ファッション都市事業に予算が初めて付けられたのが1973年度であり，1973年度の商工総務費において「神戸ファッションの創造のための経費」として計上されている.

　神戸市のファッション都市化の施策については，神戸市経済局長を務めた緒方（1985）に整理されているのでこちらを参照したい. 表2-7に示している通り，多岐にわたって様々な取り組みが挙げられる. ファッション産業を振興するようなファッションショーの開催や，展示会の開催のみならず，都市計画や国際化やコンベンション機能の整備といった都市環境づくり，さらには，芸術祭や各種イベントの開催等，幅広い施策が，ファッション都市化政策の一環として実施されてきた.

　また，表2-8の通り，1972年に神戸市長がファッション都市づくりを表明してのち，ファッションに関連して，地方自治体としての神戸市のみならず，民間のファッション関係者らにおいてもそれぞれの取り組みが明確に観察される形で行われるようになった. 例えば，緒方の整理に基づけば，1972年から1974年の三年間の間でファッション関連団体が5つも組織されており，また，ファッションショーやファッションコンテストが開催され始めている.

　ファッション都市事業の開始に伴い，いち早く取り組まれたのがイタリアのミラノへの駐在員の派遣である. 『神戸新聞』の記録に拠れば，駐在員事務所は「欧州進出の拠点づくり」として位置づけられた貿易事務所であるが，その目的は販路拡大のみならず「ファッションの情報収集」が期待された事業で

表 2-7　ファッション都市化の施策

1. ファッション産業振興	
(1) ファッションイベントの開催	コウベファッションショー，地場産業まつり，神戸トータルファッションフェア，京阪神ファッションマンス
(2) 人材の養成	ファッションデザインコンテスト，ファッション市民大学
(3) 需要の開拓	見本市・展示会，神戸ブランドの推進・PR
(4) 情報の提供	ヨーロッパ情報，VIEW 作成（ファッション産業紹介冊子）
(5) 企業の近代化援助	診断，指導，融資等
(6) ファッションタウン建設	約 12ha，37 社
(7) 企業誘致等	ファッションタウン，西陣工業団地，ファッション人材育成機関誘致，ワールドファッションフェアの誘致
2. ファッション都市環境づくり	
(1) 都市機能基盤整備	都市計画，市街地の緑化，街路整備，観光・ショッピングプロムナード計画
(2) 国際化・コンベンション機能整備	国際港湾都市づくり，コンベンションセンター，アジアセンター，観光都市づくり
3. 文化の育成	
(1) 文化環境の整備	神戸研究学園都市，都市景観形成地域指定，北野町整備，文化・観光施設の建設・整備，彫刻の道，グリーンライトアップ作戦
(2) 文化活動の推進	秋の芸術祭，彫刻展，国際交流週間，酒蔵オリエンテーリング，各種講演会等
(3) イベントの開催	神戸まつり，ユニバーシアード神戸大会，コウベグリーンエキスポ '85，開港 120 周年

出典）緒方（1985：40）表 7 を筆者修正.

あったという（『神戸新聞』1973 年 1 月 9 日）.

　加えて，1980 年 11 月に神戸市職員研修所にて開催された文化教養講演会においても，そのテーマはファッションであった．登壇者はファッションに関する著作を複数出版していた江尻弘であった[6]．本講演会における江尻の発言内容は，1981 年に神戸市企画局総合調整課が『ファッション都市とファッション産業への道』と題して発行されている.

　こうした動向は 1980 年代にも引き続き観察されており，神戸市のファッション都市化における大きな事業としてファッションタウンの建設がある．ファッションタウンには，服飾や真珠，靴や洋菓子を中心とした業界の振興拠

第2章　神戸市とファッション　37

表2-8　ファッション都市事業年表

年次	ファッション都市化		神戸市の施策		ファッション団体の結成等	
1972年	7月	神戸市長「ファッション都市づくり」表明			11月	神戸ファッションアソシエーション（神戸のアパレルの協同組合）
1973年	1月	神戸商工会議所ファッション都市化提唱	2月	ミラノに駐在員事務所開設	8月	コウベファッションクリエーターズ（服飾デザイナーの会）
			9月	ファッション市民大学開校（継続実施）		
			10月	第1回神戸ファッションショー開催（継続実施）		
1974年			10月	第1回コウベファッションデザインコンテスト開催（継続実施）	2月	神戸ファッションシティ（ファッション進出グループの会）（195年に神戸ファッションタウン協議会として発展的解散）
					6月	神戸ファッションソサエティ（ファッション市民大学卒業生の会）
					9月	神戸婦人子供服小売商組合（ファッション小売店の会）
1975年	7月	ファッション都市問題研究会（神戸商工会議所）				
1977年	1月	ファッション都市づくり特別委員会（神戸商工会議所）				
1978年	10月	都市景観条例制定		ファッション市民大学内容変更		
	3月	『神戸のファッション産業の現況』を出版（神戸商工会議所）		ファッションデザインコンテスト内容変更		
				地場産業まつり開催（継続実施）		
1979年	10月	都市景観形成地域指定（北野町山本通地区）		ファッション市民大学内容変更	10月	神戸ファッションモデリスト（オートクュールデザイナーの会）
1980年				トータルファッション展開催（1983年まで実施）		

年次	ファッション都市化	神戸市の施策	ファッション団体の結成等
1981 年	3 月　ポートピア '81 開催 6 月　都市景観形成地域指定 　　　税関線・三宮駅前地区	ファッションシューズコンテスト開催（継続実施）	10 月　「真珠の町・神戸」を考えるプロジェクト会議 11 月　神戸デザイナーズ協会（工業系デザイナーを中心とした会）
1983 年	6 月　都市景観形成地域指定（旧居留地地区） ファッションタウンの始動	10 月　京阪神ファッションマンス開始（継続実施）	3 月　神戸ファッションタウン協議会
1984 年	ファッションタウン 37 社進出決定，うち 7 社操業（完成予定は 1987 年）	神戸トータルファッションフェア開催	
1985 年	3 月　都市景観形成地域指定（神戸駅・大倉山地区）	ケミカルシューズフォーラム開催	
1987 年	6 月　神戸ファッション創造懇話会設置	神戸コレクション開催	7 月　神戸ファッション情報資料室開設
1988 年	ファッションタウンへの進出企業が 38 社となる 9 月　都市景観形成地域指定（須磨・舞子海岸地区）	8 月　神戸ファッションセンター基本構想策定委員会設置	7 月　神戸ファッションフェスティバル実行委員会設立
1989 年	4 月　神戸芸術工科大学開学 11 月　ファッションタウン完成	3 月　神戸ファッションセンター建設基本構想策定 11 月　第 1 回神戸ファッションフェスティバル開催	
1990 年		10 月　都市景観形成地域指定（岡本駅南地区，南京町地区）	
1991 年			5 月　神戸ファッション協会設立
1993 年		神戸ファッションセンター完成	

出典）緒方（1985：41）表 8，高寄（1993：55-56）表 1 からの抜粋，ならびに筆者による調査に基づき作成．

点が設置されている．

　神戸市のファッション都市化に関する事業群を挙げれば，以上のように多岐にわたるが，そうした方向性が結実したものとして，神戸ファッション美術館の開設が挙げられる．神戸ファッション美術館は，ファッション都市神戸の象徴として，六甲アイランドにおいて 1997 年 4 月 25 日に開館したものである．

神戸ファッション美術館の施設内容に関しては谷本（2011）に整理されている．

　なお，2000 年代以降も，ファッションウィークと銘打ったイベントを行っている．ファッションウィークは 2006 年秋から継続的に実施される取り組みであり，行政と地元企業が連携したものである．神戸市総局の高野によれば，行政都市戦略と地元企業の思惑が一致したことで「協力体制が出来上がり，まちおこしの一大イベントに発展した」事業である（高野 2010）．

　以上の通り，1972 年に神戸市長がファッション都市づくりを表明したことに端を発して，神戸市はファッション都市づくりを行ってきた．高野は，神戸市がファッションを都市戦略の柱に掲げたと指摘するが，神戸市においてファッションとはどのように重要だったのだろうか．

2　説明枠組み

　本章の冒頭で触れた通り，神戸市の都市戦略等に関する宣言群の内，当初の二つに関しては一般的な理念の提唱であった．それらは，1962 年に市議会で議決された「平和都市宣言」，1972 年に市長が表明した「人間環境都市宣言」である．

　しかしながら，これより後は，こうした一般的理念の提唱と異なる性質の宣言が繰り返されることになった．後に続いたのは神戸市における「都市戦略等の概要」（神戸市総合基本計画審議会第 2 回総会資料 6 参考資料 平成 22 年 2 月 24 日より），1973 年に「神戸ファッション都市宣言」，1982 年に「コンベンション都市」[7]，1985 年に「国際スポーツ都市宣言」[8]，1991 年に「アーバンリゾート都市」[9]，1994 年に「神戸国際マルチメディア文化都市（KIMEC）構想」[10]，1997 年に「神戸アスリートタウン構想」[11]，1999 年に「神戸医療産業都市構想」[12]，2004 年に「神戸文化創生都市宣言」[13]，2007 年に「デザイン都市・神戸」[14]である．なお，以上の通り都市政策に関する宣言として挙げられているものは，2010 年の神戸市総合基本計画審議会の資料に基づいており，本資料には都市戦略とは「市民の暮らしの向上や産業集積を図るなど，都市の魅力を高める全庁的・横断的な取り組み」を指したものを挙げ，議決・条例制定の有無を問わないと記されてい

る（神戸市総合基本計画審議会 2010）.

　以上の動向から読み取れるのは，1962 年の「平和都市宣言」に続く 1972 年の「人間環境都市宣言」と，1973 年「神戸ファッション都市宣言」以降に続く都市戦略に関する各宣言とでは，性質が異なっているということである．神戸市の資料（神戸市 2010）によれば，最初の二つも都市戦略に含められているものの，一般的理念の提唱に過ぎない．一方で，三つ目以降の宣言においては，神戸市の地域開発の具体的方針を示すものである．

　神戸市が，地域開発の具体的方針を示す都市戦略に関する宣言を初めて行ったものとして位置づけられるのが，1973 年の「神戸ファッション都市宣言」であった．

　他都市に先駆けて日本国内で初めてファッション都市を謳った神戸市であるが，この時神戸市においてファッションはどのような意味を成していたのだろうか．

(1) アイデンティティ方策

　後に，神戸市のファッション都市事業について報告した論者らに拠れば，ファッション都市事業は産業政策としての一面が指摘できる．町村に拠れば，神戸市はファッション産業それ自体の発展を支援するためというよりはむしろ，いくつかの関連産業を統合する際に有用な概念を提示する目的で，ファッション都市事業に取り組んだとする解釈を示している（町村 1990：70-74）．同様に，高寄は，ファッション都市事業の目的は，ばらばらであった中小企業を統合することであったと指摘している（高寄 1992b: 142）．町村と高寄が指摘した通り，神戸市ファッション都市事業において重要なこととして，複数の産業を一つにまとめることのできるコンセプトを提示したことが挙げられよう．

　しかしながら，その一方で，1972 年，1973 年というタイミングでなぜ，神戸市が複数の産業を一つにまとめるコンセプトを提示する必要があったのかについて，町村と高寄は明らかにしていない．ファッション都市事業とは，何の目的のもとで有用な手段であったのか．

神戸市がファッション都市事業に取り組み始めてからおよそ 20 年近く経った後，一人の重要人物がファッション都市事業に関する論考を発表した．神戸市職員の三好正英であり，論考の発表当時は神戸市経済局主幹を務めていた人物である．三好に拠れば，ファッション都市事業とは神戸市のアイデンティティ戦略であったという．ファッション都市事業は，神戸市のアイデンティティを確立し，神戸市のイメージを内外に示そうとするものであったと解説している（三好 1989：139-140）．

　三好の指摘する通り，神戸市のファッション都市事業がアイデンティティ戦略のもとで開始されたものだとするならば，そのアイデンティティとは一体何を指すのか．神戸市が確立しようとしたアイデンティティの具体的な中身は何だったのか．

　こうした点について，三好の論考は詳細な説明を与えるものではない．したがって，当時においてどのような議論がなされていたのかを確認する必要がある．

(2) 何を強調したかったのか

　繰り返し確認してきている通り，神戸市によるファッション都市事業の構想は，1972 年の宮崎市長の発言にまで遡ることができる．その後，1973 年度にファッション都市事業に予算が付けられたことで具体的な事業が開始された．神戸市を挙げての事業について，神戸市議会でも議題に上がったことが確認できる．神戸市議会においてファッション都市事業が初めて議論されたのは1973 年のことであった．

　1973 年 3 月 6 日，福田信勝議員が神戸市におけるファッション都市事業について質問した．「神戸ファッションを文化の面でとらえていこうとなさるのか，それとも産業としてとらえるのか」と述べ，神戸市ファッション都市事業の目的を問うた．これに対して，宮崎市長は文化の面で捉えていると返答した．曰く，「神戸ファッションの問題ですが，文化としてとらえるか産業としてとらえるかということですが，いまの段階では文化として捉えております」．

また，「私は文化として進める姿の間は市がイニシアチブをとるべきである，リーダーシップをとるべきであると思います」とも述べている．

　ここで重要なことは，ファッション都市事業を文化政策として位置づけていることである．ファッション関連産業が成長していることを考慮すれば，ファッション都市事業は産業政策として位置づけることも十分に可能であった．しかしながら，議会において市長が繰り返し強調したのは，神戸ファッション都市事業の文化政策としての側面だった．

　また，神戸市が神戸ファッション都市事業に取り組む必要性について宮崎市長が説明している．1973 年 3 月 1 日に所信表明として述べられたものだが，同じ論理が同年 12 月 4 日にも繰り返されている．

　3 月 1 日の所信表明は以下の通りである．

　　「よく『神戸には文化がない』とか，『神戸は文化不毛の地である』と言われます．しかし，私は，そうは思っておりません．神戸人は，活気にあふれた進取の気性，開放的な性格だと言われております．港の発達とともにまちも発展してきたことと関連して，内外のさまざまな文化に接する機会に恵まれ，文化に対する蓄積は，きわめて大きいものがあると信じます．近時，『神戸ファッション』という言葉が生まれ，『ファッション都市に』という機運が高まっているのもそのあらわれであります」．

　続いて，12 月 4 日には家長勝美議員からの質問に対して，宮崎市長がファッション都市事業について答弁している．

　　「ファッション産業につきましては，なるほど京都の西陣のような歴史的なものはございませんけれども，しかしながら，開港場として諸外国の新しい情報を入手する．また品物を入れるというふうなことは非常に適した地でありますし，そのためにかつて元町が日本のファッションの発祥地であるといわれたように，洋服・服飾品等については非常に神戸が進んでおったわけであります．こういうふうな神戸の，開港場であり進取の気性

に富んでおる特性を生かして，ファッション産業というものを進めていけばいいんじゃないかと考えたのでありまして」．

　3月1日と12月4日の発言内容において共通した論理が確認できる．まず，議論の前段として，神戸には歴史的な文化がないことが確認される．続いて，神戸には進取の気性が根付いていることが確認される．そして，この進取の気性をもって，ファッション都市事業の正当性が説明されている．

　要するに，外国から日本にもたらされたファッションとは，進取の気性に富む神戸においてこそ，根付くことが可能であったと提示しているのである．すなわち，神戸市においてファッション都市事業とは，進取の気性と関連付けられたものだったのである．

3　その後：ファッション産業の成長と地域教育

　先に確認してきた通り，神戸市は1973年に神戸ファッション都市宣言を発表した後，1982年にはコンベンション都市宣言，1985年には国際スポーツ都市宣言等を発表している．

　コンベンション都市事業と国際スポーツ都市事業は，同じスコープを有していることが指摘できよう．すなわち，それら事業群は外国との繋がりを視野に収める一方で，歴史性や伝統文化を視野に収めるものではない．

　こうしたスコープは，日本の伝統文化に触れずに外国との繋がりを強調してきたファッション都市事業に遡ることができる．

　以上から，ファッション都市事業において示された神戸市の指針は，ファッション都市事業に後続する事業群においても継続していたことが読み取れる．

(1) ファッション都市化する神戸市

　以上，1972年に宮崎市長が「神戸ファッション都市づくり」を表明したことに始まった神戸市のファッション都市化事業であるが，実際に神戸市においてファッション都市化はどのように進展したのだろうか．

表 2-9　神戸市内のファッション産業と重工業産業の推移

（単位：億円，人）

区分		1974 年	1979 年	1985 年	1988 年	1989 年
ファッション産業	出荷額	3,414 (18.9%)	4,692 (22.1%)	6,150 (21.5%)	6,247 (22.7%)	6,145 (21.9%)
	従業員	30,351 (22.5%)	31,913 (26.8%)	32,852 (28.2%)	33,876 (30.7%)	31,722 (30.7%)
鉄鋼・造船業	出荷額	5,279 (29.2%)	4,889 (23.0%)	5,925 (20.7%)	4,385 (15.9%)	4,765 (16.3%)
	従業員	43,531 (32.2%)	26,009 (21.8%)	22,568 (19.4%)	16,148 (14.6%)	15,696 (14.5%)

注)（　）は全産業比.
出典）高寄（1993：64）表 5 を筆者修正.

　従来，神戸市の基幹産業であったのは重工業である．重工業の中でも神戸市において重要産業として製造拠点を構えていた鉄鋼・造船業の変遷と対比してみよう．**表 2-9** の通りである.

　まず，出荷額から確認していこう．ファッション都市事業が開始された1973 年の翌 1974 年の時点において，ファッション産業の出荷額は 3414 億円であるが，その後順調に出荷額を増加させており，1979 年には 4692 億円，1985 年には 6150 億円，1988 年には 6247 億円，となっている.

　全産業に占めるファッション産業の出荷額の割合に関しても，1974 年に18.9％であったが，1979 年には 22.1％，1985 年には 21.5％，1988 年には22.7％と割合を高めている.

　一方で，鉄鋼・造船業における出荷額は，どのように変遷しているだろうか．1974 年には 5279 億円，1979 年には 4889 億円，1985 年には 5925 億円，1988 年には 4385 億円，1989 年には 4765 億円となっており，漸減あるいは出荷額にはほとんど変化が見られない．ただし，出荷額の全産業に占める割合は，1974 年には 29.2％であったものが，1979 年には 23.0％，1985 年には20.7％，1988 年には 15.9％とその割合を低下させている．すなわち，鉄鋼・造船業それ自体の出荷額の漸減状態に比して，神戸市内の全産業においてはその経済規模を相対的に縮小させていることが読み取れる.

続いて，従業員数を確認していこう．従業員数に関しては，製造設備の機械化等の影響が想定されるため，従業員数よりも全産業における各産業の占める割合に注目したい．

まずファッション産業に関しては，従業員数について1974年が3万351人，1979年が3万1913人，1985年が3万2852人，1988年が3万3876人，1989年が3万1722人であり，雇用を手堅く守っていることが確認できる．それら各年の従業員数の全産業に占める割合は，1974年が22.5％，1979年が26.8％，1985年が28.2％，1988年が30.7％，1989年が30.7％であり，1974年から1989年の15年間でその割合を8ポイントも高めていることが分かる．

一方で，鉄鋼・造船業に関しては，従業員数について1974年が43531人，1979年が26009人，1985年が22568人，1988年が16148人，1989年が15686人であり，その数を大きく減少させていることが確認できる．従業員数の減少割合は1974年から1979年の5年間でおよそ40％，1985年から1988年の3年間でおよそ30％にものぼる．鉄鋼・造船業の授業員数の変遷は神戸市における全産業比においては，1974年が32.2％，1979年が21.8％，1985年が19.4％，1988年が14.6％，1989年が14.5％であり，15年間の間でその割合を半減させていることが分かる．

以上の数値は，ファッション産業の製造過程（製造業）における数値であるが，ファッション産業は製造業のみならず，卸売業，小売業を含めた総合的な産業であることは指摘するまでもなく明らかであろう．確認してきた通り，ファッション産業は製造業として成長を遂げている．その他の領域におけるファッション産業の比重の変遷を表2-10から確認していこう．

製造業としてのファッション産業がその規模を拡大するのに並行して，卸売業，小売業においてもファッション産業はそれぞれ規模を拡大していることが分かる．表から明らかな通り，各々の割合は，小売業の商店数を除いたすべての項目において，増加を示している．製造業，卸売業，小売業において，特に変化が表れているのが製造業と卸売業である．それらにおいてファッション産業の比重が大きくなっているという点で，ファッション産業が実際に成長して

表 2 - 10　ファッション産業が占める比重の変遷

(単位：人，百万円)

項　目		1974 年			1988 年		
		全産業	ファッション産業	割合	全産業	ファッション産業	割合
製造業	事業所数	5,819	2,223	38.2%	6,973	2,864	41.1%
	従業員数	135,178	30,351	22.5%	110,508	33,876	30.7%
	出荷額	1,809,984	341,374	18.9%	2,752,541	624,713	22.7%
卸売業	商店数	4,227	664	15.7%	6,114	1,064	17.4%
	従業員数	49,844	6,517	13.1%	62,349	13,152	21.1%
	年間販売額	2,253,655	239,742	10.6%	4,986,362	1,062,362	21.3%
小売業	商店数	18,578	7,492	40.3%	19,711	7,641	38.6%
	従業員数	70,391	21,632	30.7%	86,857	27,097	31.2%
	年間販売額	618,666	143,662	23.2%	15,778,646	399,214	25.3%

出典) 高寄（1993：59）表 3 を筆者修正.

いることが読み取れる.

(2) 地域教育におけるファッション

　神戸市においてファッションを重視する姿勢は，教育においても観察されるようになった．ここでは，地域教育の教材として社会科教育の副読本に着目し，神戸市におけるファッションの位置づけについて確認していきたい．以下の表は，神戸市立中央図書館ならびに神戸大学震災文庫に保管されている，社会科副読本である．年代により蔵書状況が異なっており，1960 年代に出版されたものの入手は困難であったが．しかしながら，**表 2 - 11** から，1956 年から 2016 年までの 60 年間における，ファッションについての提示内容の変遷を概略ではあるが捉えることができる.

　なお，社会科副読本は小学生用と中学生用とが併存しており，また小学生用の副読本には「小学生用」，「小学 3 年生用」，ならびに「小学 4 年生用」がある.

　まず，小学校用の教材において，ファッション都市宣言が出された直後，1977 年と 1978 年においては，ファッションについては全く記載されていな

第2章 神戸市とファッション　47

表2-11　社会科副読本におけるファッションの教材化

	小学生用	中学生用
1956 年	ファッションについて記載なし	―
1977 年	ファッションについて記載なし	―
1978 年	ファッションについて記載なし	―
1982 年	(小3用) 年表　大正12－13年頃「このころから洋服を着る男の人がふえた」.	―
1985 年	(小4用) ファッションについて記載なし	ファッションについて記載なし
1995 年	(小3用) ファッションについて記載なし (小4用) ファッションについて記載なし	ファッションについて記載なし
1997 年	―	「神戸市の産業」の地場産業としてファッションに言及 (2ページ分)
1999 年	―	「神戸市の産業」の地場産業としてファッションに言及 (2ページ分)
2000 年	―	「神戸市の産業」の地場産業としてファッションに言及 (2ページ分)
2001 年	(小3用) ファッションについて記載なし (小4用) ファッションについて記載なし	「神戸市の産業」の地場産業としてファッションに言及 (2ページ分)
2002 年	「神戸はじめ物語＆日本一物語」の一例として「洋服」半ページ	―
2011 年	「すてきな神戸！神戸はじめ物語」2ページ分,一例として「洋服」	ファッションについて記載なし
2014 年	「すてきな神戸！神戸はじめ物語」2ページ分,一例として「洋服」.	―
2016 年	「すてきな神戸！神戸はじめ物語」2ページ分,一例として「洋服」.	―

出典) 筆者作成.

い. その後1982年には神戸市の年表において, 大正12－13年頃に「このころから洋服を着る男の人がふえた」という一文が記載されており, 確認できる限り, これがファッションに関する記載の初出である.

　これら資料の本文においてファッションについての記載が初めて確認されるのが1997年に刊行された中学生用の副読本であった. 同書の構成は, 以下の通りである. 第1章「地図の学習」, 第2章「身近な地域の調べ方」, 第3章「神戸市のあらまし」, 第4章「課題学習に取り組もう」の, 全50ページから成る. この中で, 第3章「神戸市のあらまし」は, 「① 神戸市の自然環境」, 「② 神戸

市の発展」,「③ 神戸市の産業」,「④ 神戸市の役割と他地域の結びつき」,「⑤
これからの神戸市」の下部構成から成り,「③ 神戸市の産業」においてファッ
ションについて記述されている（神戸市立中学校教育研究会社会科研究部 1997：36-
37）.

　そこでは，神戸市のファッション都市宣言を神戸市の地場産業と関連させる
形で説明している.「③ 神戸市の産業」の全体的テーマとして,「神戸の地場産
業と『ファッション都市宣言』」とする見出しが付けられている. そこでの内容
は以下の通りである.

　　「1868 年の神戸港開港以来，神戸は国際湾港都市として発展してきました.
　　開港とともに開設された外国人居留地を通じてもたらされた，様々な洋風
　　の生活文化に刺激を受け，神戸には洋服，アパレル，くつ，洋菓子，洋家
　　具，クリスマス用品などの産業が生まれ育ちました. また，国際貿易港の
　　機能を生かして，原材料の輸入や製品の輸出に有利なことから，ケミカル
　　シューズやコーヒー，真珠加工などの産業も生まれました.（中略）そこで，
　　神戸市は 1973（昭和 48）年に，全国に先がけて『ファッション都市宣言』を
　　行い，地場産業育成，発展に力を注いでいます」（神戸市立中学校教育研究会社
　　会科研究部 1997：36）.

このように，神戸市にはファッション関連の地場産業が発展していた土壌が
あったため，神戸市は 1973 年にファッション都市宣言を出したと説明されて
いる.「③ 神戸市の産業」において，神戸市の地場産業の例示として「アパレ
ル産業」,「酒造」,「真珠加工」が挙げられている. では,「アパレル産業」とい
う見出しを付けた項目を見てみよう.

　　「神戸市のアパレル産業は，婦人服を中心に洗練されたファッションセン
　　スをもとに，『ファッション都市宣言』以降，急成長した産業です. 現在，
　　ポートアイランドのファッションタウンや六甲アイランドのファッション
　　マートなどを拠点に発展しています」（神戸市立中学校教育研究会社会科研究部

1997：37)．

　ここで，神戸市のアパレル産業は 1973 年のファッション都市宣言以降，す
なわち，神戸市がファッション都市事業に取り組み始めて以降に急激に成長し
た産業であると説明されている．

　この説明と，先ほどの「地場産業」であるとする説明とを考え合わせると，
神戸市における洋服産業についての公式見解はこうなろう．すなわち，「神戸
には開港の歴史以来，洋服文化の土壌があったことを受けて，1973 年に神戸
市はファッション都市宣言を行ったが，それにより神戸市のアパレル文化は発
展を遂げた」となる．

　続いて，1999 年，2000 年，2001 年にも中学生用の教材にてファッション
について 2 ページ分の紙幅が割かれている．内容の概要は同じだが，使用さ
れている一部の写真の位置が入れ替わっていたり，地場産業として例示された
「アパレル産業」の項目が「ケミカルシューズ製造」に変更されていたりする
(神戸市立中学校教育研究会社会科研究部 1999；2000；2001)．

　その後 2002 年に小学生用の副読本において，年表の下段に「神戸はじめ物
語＆日本一物語」と題された項目が掲載される．そこでは，

> 「明治のはじめに神戸の港が外国に開かれたことで，『日本で初めて』のも
> のが生まれたり，全国に広がったりしました．たとえば，次のようなもの
> です．
> マッチ・ゴム・ラムネ・コーヒー・紅茶・ソース・パーマネント器・パ
> ン・ケーキ・チョコレート・ソース・シューズ・ぶたまん・洋服・洋菓
> 子・ゴルフ・マラソン・ボクシング・サッカー・ボート・映画 (活動写
> 真)・水族館・ジャズ・シャンソンなど」(神戸市教育委員会 2002：年表)

と記されている．すなわち，神戸市の地域教育教材において，洋服は神戸から
「全国に広まった」「日本で初めて」のものとして位置づけられていることが分
かる．

同内容のものが，より大きく掲載され始めることが確認できるのが 2011 年
刊行の小学生用の副読本である．ここでは，2002 年版の「神戸はじめ物語＆
日本一物語」が，その趣旨を同じとする項目を「すてきな神戸！」と題して 4
ページ分もの紙幅を割いている．「神戸はじめ物語」に 2 ページ分，「神戸ナン
バーワン物語」に半ページ分，加えて「神戸めずらしいもの物語」に 4 分の 1
ページ，「神戸三大〇〇物語」に 4 分の 1 ページ，である．さらには，「人気の
町・神戸」と題された 1 ページが続く．ここでの「神戸はじめ物語」の中で，
「日本では『神戸がはじめて』のものや，『神戸から日本中に広まった』という
もの」として，洋服が挙げられている（神戸市小学校教育研究会・社会科部 2011：
157-160）．

　以降，2014 年版ならびに 2016 年版においても同一の内容が掲載されてい
る．

　以上，1956 年から 2016 年までの 60 年間における，神戸市地域教育の教材
である社会科副読本においてファッションがどのように説明されてきたのかに
ついて変遷の概略を確認してきた．1972 年から神戸ファッション都市化の動
向が見られていた神戸市だが，それに先行する 1956 年版や，動向が見られた
直後の 1970 年代版においては，ファッションに関する記述は確認されなかっ
た．初めて確認されるのが 1982 年版の年表への書き込みであった．その後
1997 年には本文中にてファッション都市事業に対して紙幅が割かれた．また
2002 年以降は神戸から日本に広まったものとして洋服が位置づけられるよう
になった．

　すなわち，神戸市地域教育において，ファッションは「日本において神戸が
初めて」の地であり，「神戸から全国に広まった」ものとして提示された．全国
の他地域に先駆けて神戸において普及したことを繰り返し強調する内容であっ
た．以上から，神戸市内において洋服とは，日本社会の洋服文化を牽引する神
戸という理解を連想させるものとして提示されていることが明らかとなった．

4 神戸市制 100 周年記念映画作品における神戸市地域像： 外国由来のものが息づく街

1989 年は，市制施行により神戸市が発足してから 100 周年を記念する年であり，神戸市はそれを記念した映画を作成した．作品名は『花の降る午後』であり，神戸市出身の作家宮本輝の作品である．『花の降る午後』は，1985 年 7 月から 1986 年 2 月にかけて，『南日本新聞』，『新潟日報』，『徳島新聞』，『北日本新聞』等に掲載された連載小説で，その後単行本として角川書店から出版されている（宮本 1988）．

本作の著者である宮本は神戸市出身であるが，生後間もなく転出している．したがって，宮本の描く神戸市像が 1989 年当時の神戸市内でどの程度の妥当性が認められたものかは明らかではない．

しかしながら，本作において重要なのは，後に神戸市が同作を映画化した点である．『花の降る午後』は神戸市が神戸市制 100 周年を記念して映画化したという事実から，1989 年時点の神戸市が，公式に表明するに値する内容が描かれていると推察される．であるとするならば，本作において，どのような神戸像が描かれているのか，単行本の記述から確認していきたい．

『花の降る午後』の舞台は神戸，特に洋館の町として知られる北野坂である．物語の中心的役割を果たすのは北野坂に立地するフランス料理店「アヴィニョン」であり，このレストランをめぐる登場人物間の駆け引きが描かれている．レストランの周辺の様子として，主人公である「典子が営むフランス料理店アヴィニョンは，神戸の北野坂から山手へもう一段昇ったところにあり，右隣に黄健明貿易公司の事務所，左隣に毛皮の輸入販売を営むブラウン商会が並んでいる」（宮本 1988：6）様子が描かれている．

この舞台設定から，本作において外国との繋がりを物語の背景に置いていることが分かる．外国との繋がりをさらに強調するのが登場人物である．

言及される幾人かの登場人物には外国にルーツを持たせている．「ブラウンさんも，黄さんも，それに日本旅行中に第二次世界大戦が勃発し，祖国へ帰れなくなり，ついにそのまま永住するに至ったソヴィエト人のアンナさんも，自

分の味わった苦しみを滅多に口にしたりはしないが，途方もない屈辱に耐え，無数の挫折を乗り越え，今異国の神戸という街で，それぞれの城を作った．あの人たちはみな，戦争中，敵国の人間として日本で暮らしてきた．ソヴィエト人のアンナさんは，ナチス・ドイツのゲジュタポと日本の憲兵によって両親を殺されたのだ」(宮本 1988：15)と紹介している．

　あるいは，典子の良き理解者であるブラウンが，自身の経験を振り返る際にも，外国との繋がりに言及している．ブラウンの発言として，「いまは異人館通りなんて観光用の名前がつけられたけど，近くにユダヤ人の社交クラブがあったんだ．空襲で焼けて，もう跡形もないけどね．あの空襲は忘れられない．一九四五年六月五日の明け方に始まったんだ」(宮本 1988：18-19)とある．ここからブラウンの回想が描かれる．内容は，ドイツ人のスパイをスパイと知らずに信頼し，友人たちが連れて行かれたというものである (宮本 1988：19)．

　こうした記述は，第二次世界大戦における敵対関係が，神戸の街中において端的に存在したことを示すものである．彼らの来歴から，神戸が戦前から外国人の居住地であったことが示される内容となっている．

　加えて，日本人として登場する人物にも，外国由来の属性を持たせている．

　本作の主人公である典子が，亡き夫に思いを馳せる際に手掛かりとなるのがラグビーであった．夫が典子に病状を知らせるように求めた際，「俺は大学でラグビー部のキャプテンやったんやぞ．たとえ癌だろうと，俺はホイッスルが鳴るまで闘うぞ」と発言した様子が描かれている (宮本 1988：9)．医師も「ご主人は，偉大なラガーマンですよ」と発言している (宮本 1988：10)．

　他にも，典子が午睡を取ろうと一人になった際に，亡き夫を思い出すとともに注目するのがラグビーのユニフォームである．「『何から何まで，ラグビー……．パジャマまでラグビーのユニフォーム……』そのパジャマは，母校のラグビー部のユニフォームと全く同じ柄だったので，夫が子どもみたいにはしゃいで買って来たものだった．木綿の夏物だったが，夫は冬でもそのパジャマを着て眠った」(宮本 1988：23)と描いている．

　この通り，主人公に近い人物が，外国由来のスポーツと不可分であった様

子が描かれている.

　以上の通り，神戸を舞台とした『花の降る午後』において，随所に外国との繋がりが描かれている．それはフランス料理店であったり，洋館の町として知られる北野坂であったり，あるいは登場人物らの来歴であったりする．ここで重要なのは，本作は外国由来のものそれ自体を描いているのではなく，外国由来のものが神戸の街中で息づいている様子を描いていることである.[15]

　神戸市が 1989 年の市制 100 周年記念映画として選定した作品こそ，『花の降る午後』であった．本作における神戸市内には，外国由来のものが息づいている.

おわりに

　神戸市を中心とした地域社会における地域像と，その地域像における問題点（地域像の文脈で否定的意味を有するもの）を確認してきた．組織としての神戸市の行動は，そうした問題点との関連でどのように意味づけられるのか.

1　要　約

　神戸市出身者らの発信において，神戸市を新しい町とする理解が共有されていた．そのような神戸市は重工業の生産現場であったのだが，1960 年頃から神戸市内の重工業経済が斜陽化し始めた.

　時期を同じくして，経済規模を拡大させていたのがアパレル産業であった．神戸市内では，外国由来である洋服は神戸から日本に広まったものとして位置づけられていた.

　実際に，神戸市は 1973 年に公式に神戸ファッション都市宣言を発表し，その後はファッション関連の事業を立て続けに実施している．その後，神戸市が市制 100 周年を記念して映画化した作品は，外国由来のものが神戸に根付いた模様を描く内容であった.

2 解 釈

神戸市関係者らにおいて，神戸市を「新しい町」とする地域像があった．新しい町であるが故の，「伝統の無さ」にも注目されていた．すなわち，「新しい町」において「伝統の無さ」とは，否定的に位置づけられ，地域像における問題点となる．

そうした中で，神戸市関係者らによって作成された資料に拠れば，神戸には外国由来のものが根付いており，それらは神戸から日本に広まったと理解されていた．すなわち，ファッションのような外国由来のものは，神戸の「進取の気性」を強調するものだった．

実際に，神戸市の取り組みとして，ファッション都市事業は今日にまで継続するものである．

地域社会において論じられていた「新しい町」における「伝統の無さ」という問題点に対して，「進取の気性」は対処方策として位置づけられる．すなわち，神戸市の政策方針は地域社会における問題点に対処するものとして位置づけられる．

3 神戸市から分かったことと，次への課題

以上，神戸市の事例を通して，否定的な状況認識に対して，どのような対処方策が講じられるのかが明らかになった．神戸市の事例において，「新しい町」における「伝統の無さ」という否定的な状況認識があった．また神戸市にはファッションという成長産業があった．ファッションは，「新しい町」が「進取の気性」を有したからこそ，全国に先駆けて神戸に根付いたと説明された．すなわち，「伝統の無い」「新しい町」だからこそ，「進取の気性」があったのだとする解釈を可能とした．

以上の通り，神戸市の事例において，否定的な状況認識に対して，解釈を置き換えるという選択肢を用いて対処したことが分かった．神戸市においてファッションとは，ファッションが全国に先駆けて神戸に根付いたことと，当時ファッションが成長産業であったというポジティブな意味を有する選択肢で

あった.

　しかしながら，神戸市のように，地域社会における置き換え可能な選択肢を利用できる状況にある地方自治体ばかりが存在するのではない．当時の神戸市のように，地域開発の中心的役割を担うに十分な置き換え可能な選択肢が無い状況も想定される．否定的な状況認識に対する置き換え可能な選択肢が無い状況において，講じる方策は無いのだろうか.

　続いての事例は水俣市である．企業城下町において発生した公害問題を抱えた水俣市は，どのように公害問題に対処したのであろうか.

注
1）　神戸市総合基本計画審議会第2回総会での資料における「都市政策」として分類された各種宣言群に基づけば，一つ目の宣言は 1962 年 3 月に市議会で議決された「平和都市宣言」，二つ目の宣言は 1972 年 7 月に市長が表明した「人間環境都市宣言」である．平和都市宣言の概要は，神戸市が恒久平和へ邁進する平和都市であることを宣言したものであり，また人間環境都市宣言の概要は，公害問題に対する解決姿勢を示したものである.

2）　神戸市のファッション都市事業の取り組みについての詳細は緒方（1985）がまとめている通りである.

3）　もっとも，製造品出荷額それ自体では，1960 年に 3711 億円，1965 年に 5672 億円，1970 年に 1 兆 760 億円と増加傾向にあった（神戸市市長総局 1988：205-206）.

4）　ファッション都市を掲げる都市は神戸市に限定されるものではない．神戸市の他にも，横浜，福岡，東京がファッション都市を掲げているが，それら他都市に先駆けてファッション都市を掲げたのが神戸市である．日本各地のファッション都市事業に関しては浜野（1992）に整理されている.

5）　なお，宮崎辰雄が市長を務めていた間の神戸市政に関しては，高寄（1992；1993a；1993b；1993c）に詳しくまとめられている．なかでも，都市戦略事業に関しては，高寄（1993a）に詳しい.

6）　ファッションに関する単著としては他にも，『ファッション産業のゆくえ：アメリカ企業の行動と日本の展望』（日本実業出版社，1974 年）や，『文化産業の時代：文化の工業化とアパレル』（東洋経済新報社，1980 年）がある.

7）　概要は，1981 年 3 月から 9 月にかけて開催されたポートアイランド博覧会（ポートピア '81）を契機として，コンベンション都市づくりに取り組むというものである．実際に，1982 年 6 月に神戸市コンベンション推進本部が設置されている.

8）　概要は，1985 年 8 月に開催されたユニバーシアード神戸大会を契機として，スポー

ツによる幸せな生活の実現に取り組むというものである．1985 年 9 月に市長により表明されている．

9) 概要は，1991 年 2 月に市長が表明すると同時に予算が計上され，1993 年 4 月にアーバンリゾートフェア神戸 '93 を開催したものである．なお，指針としては，「市民がいつまでも住み続けたくなるまち，何度も訪れ滞在したくなるまち」を目指すというものである．

10) 概要は，既存産業の高度化と新産業の集積を図る情報通信戦略であり，1994 年 6 月に構想が公表された．

11) 概要は，全ての人がスポーツに親しみ健康促進するというものであり，1997 年 12 月に構想研究会にて提言がなされている．

12) 概要は，先端医療技術の研究開発拠点を整備し，医療関連産業の集積を図るというものであり，1999 年 3 月に懇談会報告書がまとめられている．

13) 概要は，文化を活かしたまちづくりの基本目標であり，2004 年 12 月に市長が表明したものである．

14) 概要は，デザインを用いて都市の魅力向上を図るというものであり，2007 年 2 月に報告書にまとめられている．

15) なお，こうした外国との関係を強調する神戸地域像を相対化させる資料が，神戸市立博物館編集の『描かれた神戸物語：源平合戦から港街・異人館まで』である．同書において，神戸を描いた作品等 160 点の資料を並べて，神戸地域像の変遷を紹介するものである．近代以降の神戸地域像についての解説を，少し長くなるが引用して確認しておきたい．「現在，神戸の魅力とは？ と考えると，海，山，エキゾティックな街並み，という馴染み深いコンセプトが，実は 50 ～ 60 年前まで健在だった街並み遺産を前提にしているにすぎないことを痛感する．20 世紀後半，都市は拡張され，復興・整備が繰り返されたが，山の中腹までビルが建ち，海岸は埋め立てや高速道路建設によって遠ざかった．画家たちが神戸を描いた作品は，近代以降の神戸イメージが，景勝美がめでられた場所よりも，明治初期から 70 数年かけて蓄積された西洋建築群に，大きく依存して形成されてきたことを如実に物語っている．また，現代の私たちが，それらの多くが消えてしまったにもかかわらず，良き時代の神戸イメージを追い求めがちである現実も突きつけている」(神戸市立博物館 2005：31)．

第3章
水俣市と水俣病

はじめに

　現在，水俣市は環境事業を行っている．環境事業は，環境モデル都市や環境未来都市構想や，また環境基本条例に基づく環境首都まちづくり事業など，コンセプトを示すにとどまらず，環境教育の現場を謳い，教育旅行を誘致している．ただし，水俣市は一般的な環境事業に取り組んできたのではない．実際には，水俣市における環境事業の象徴的役割を果たしてきたものとして，水俣病の経験が挙げられることは明らかである．水俣病とは，水俣市を中心として住民の健康被害が確認された公害病である．とはいえ，1956年に水俣病が公式発見された直後から，水俣病の教訓を用いた環境事業に水俣市が取り組み始めたわけではない．水俣病の教訓を展示する施設として水俣市立水俣病資料館が開設されたのは1993年のことであった．この前後より，水俣市は環境事業に取り組んできた．

　しかし，ここで一点の疑問が生じる．水俣病とは加害と被害を水俣市内に併存させる負の歴史でありながら，水俣病とは不可分の環境事業に敢えて取り組むのはなぜなのか．水俣市において，環境事業はどのような役割を担うものだったのか．

　ヒントとなるのが，水俣市は現在，環境教育の学びの現場として来訪目的地になっているという事実である．こうした来訪者誘致を推進してきたのが，水俣市商工観光課内に事務局を設置する水俣市教育旅行誘致促進協議会である[1]。[2]

水俣市教育旅行誘致促進協議会は学校や旅行会社からの問い合わせの対応，事前学習資料の提供，行程表の作成や見学施設との連絡調整業務といった準備業務から，教育旅行の受け入れのサポートまでを担う部署である[3]．本協議会が提案する環境学習において強調されるのは，水俣病の歴史という水俣市の経験である．水俣病とは，化学工場からの排水に含まれる有機水銀を原因として，1956年に水俣保健所によって公式に発見された公害病である．水俣市は原因企業チッソ（旧 新日本窒素肥料株式会社）が生産工場を置き，チッソの企業城下町として発展してきた[4]．そうした発展経緯を持つ水俣市において水俣病はどのように語られ（あるいは言及を避けられ），そして最終的に「観光」の対象とされていったのだろうか．水俣市の置かれた状況と，政策形成に携わる人々の認識を読み解きながら，水俣病の観光利用化への考察を進めたい．

第1節　地域像と問題点
——「企業城下町」における「公害」——

1　「チッソの企業城下町」としての水俣市

　水俣市はチッソの企業城下町であったとされる[5]．水俣市においてチッソの影響力が高まりやすい背景があったことについては丸山（1985）に詳しい．丸山が整理した「チッソの工場の展開と人口の推移」と題された表を修正したものが表3−1だが，これによれば，1889年に村制が敷かれた当時，人口は1万2040人であった．1908年に日本窒素肥料株式会社（当時）が水俣市内に工場を建設し，1916年には人口は1万8681人，1918年に新工場が建設され，1921年には人口2万1239人，その後も工場は拡大を続け，水俣市の人口は1935年には2万7310人，1945年には3万1012人に達した．

　こうした人口に占める新日本窒素水俣工場関係者の割合は高かった．1960年の国勢調査によれば，水俣市の就業人口における産業別の人口割合は，第一次産業の農林漁業が30.8％，第二次産業の鉱・建設・製造業が30.6％，第三次産業が38.6％であった．このうち，製造業の従事者は4467人であり，全就

第 3 章　水俣市と水俣病　　*59*

表 3-1　水俣市の人口の推移とチッソの工場拡大 (1945 年まで)

西暦	人口
1889 年	12,040 人
1908 年	(工場建設)
1916 年	18,681 人
1918 年	(新工場完成)
1921 年	21,239 人
1925 年	24,847 人
1927 年	(合成硫安製造開始)
1930 年	25,475 人
1932 年	(第一期アセトアルデヒド工場稼働開始)
1935 年	27,310 人
1940 年	29,374 人
1945 年	31,012 人

出典) 丸山 (1985：22) 表 I を筆者修正.

業人口 1 万 9819 人の 22.5％を占めていた．この製造業のうち，新日本窒素水俣工場の従業員数は 3705 名であり，また子会社であった新日本化学の従業員数は 106 人であり，合計すると 3811 人にのぼる．これは製造業従事者の 85.3％を占め，全就業者における 19.2％を占めている．新日本窒素水俣工場と新日本化学の他にも，関連会社に働く数多くの工員がいた．関連会社の詳細な就業者数は不明だが，1962 年における賃金争議における関連会社の労働組合員の人数は合計 946 名であったと明らかになっている (宇井 1968：21-22).

　こうしてチッソとその関連会社の就業者が水俣市内に数多く居住していたことから推察される通り，水俣市の市税収入面においても，チッソ関係の徴収額は相当な割合を占めていた．1961 年度の市税収入決算総額は，約 2 億 3000 万円であったと報告されている．そのうち，宇井によれば聞き取り調査で明らかになったチッソ関係の市税収入は以下の通りである．市民税における，「日窒従業員源泉徴収額」として約 2000 万円，「法人市民税日窒分」として 1800 万円，また，固定資産税における「日窒および新日本化学」として約 6000 万円，

電気ガス税として 1480 万円，都市計画税として 280 万円であり，合計約 1 億 1560 万円にのぼる．市税収入の総額が約 2 億 3000 万円であったことを考慮すると，チッソ関係の市税収入はおよそ 50％を占めていることが分かる．実際に，水俣市においても「日窒関係の直接収入は市税収入の五〇～六〇％と毎年予想している」ことからも，1961 年度の市税収入においてチッソ関係の市税収入が約 50％を占めていることに妥当性が認められる（宇井 1968：20）[6]．

　さらに，水俣市政においてもチッソ関係者の存在感は決して小さくなかった．1925 年の町議会議員選挙において 7 名の従業員が当選し，町長も元従業員が務めた．さらには，1950 年より（1958 年から 1962 年の間を除く）3 期にわたり水俣市長を務めた橋本彦七は，新日本窒素水俣工場の工場長を務めた人物である．

　この通り，水俣市政とチッソとは不可分な関係を結んでいた一面がある．双方の共依存的ともとれる関係性については，「チッソが積極的に行政との癒着を図った」とか「水俣市行政がチッソに対して行った『奉仕』」であったと，仲村（1975：365-367）が指摘している．

　すなわち，人口の面においても，地域経済の面においても，政治の面においても，水俣市においてチッソは非常に重要であった．こうした状況が，水俣市をチッソの企業城下町たらしめていた．

　実際に，水俣市をチッソの企業城下町であるとする認識は地域教育の現場にも表れていた．水俣市の小学 3 年生を対象とした社会科副読本『郷土みなまた』において，チッソの紹介に紙幅が割かれている．『郷土みなまた』1957 年版において，本文は全 113 ページであり，その内の 13 ページを新日本窒素水俣工場の紹介に充てている．その内容は，新日本窒素水俣工場を誇るものである．例えば，新日本窒素水俣工場で生産されるものは肥料であったのだが，この「肥料工場は日本でも有名」であると紹介し，肥料に代表されるように「科学が進むことは，生活を便利に豊かにすることであると知り，私たちもいっしょうけんめい勉強して，少しでも人々の幸福になることをやりたい」と記されている（水俣市教育委員会 1957：47-59）．

すなわち，水俣市内において，同市をチッソの企業城下町であるとする地域像が強調されていた．

2 異変の発露

水俣市の沿岸部において異変が露わになったのは，高度経済成長期にさしかかった頃である．そこには，日本の発展を支える化学工業メーカーのチッソがあった[7]．1953 年頃から，水俣湾では海草が育たず，多くの貝が死んでいた（水俣市教育委員会 1995：8）．次第に水俣湾周辺の農村部でも生き物に異変が確認されるようになった．

こうした異変は 1954 年には『熊本日日新聞』によって報道されていた．1954 年 8 月 1 日，『熊本日日新聞』朝刊の第 3 面（当時は全 6 面であった）のトップ記事の横に「猫てんかんで全滅　水俣市茂道部落　ねずみの激増に悲鳴」という見出しがある[8]．これが水俣病の兆候に関する初めての報道だった．ただしこの 1954 年 8 月 1 日の報道以降，後に公式発見とされる 1956 年まで，水俣病に関する記事を『熊本日日新聞』において確認することはできない（熊本日日新聞社 2008：238）．

1956 年 5 月 1 日に新日本窒素肥料株式会社水俣工場附属病院（以下チッソ附属病院）の医師と院長が「漁村地区に原因不明の中枢神経疾患が多発している」と水俣保健所に届け出た．後に，この日が水俣病公式発見の日とされる（原田 2007：iii）．水俣保健所は報告を受けた同年 5 月 28 日に水俣市奇病対策委員会を発足させた．そこで 1956 年以前の死亡患者について調査を始めた結果，1953 年末頃からおよそ 30 名いたことが分かった．同年 7 月には水俣市奇病対策委員会は「類似日本脳炎」としてチッソ附属病院に入院していた 8 名を隔離病舎に移した．同年 8 月には，この「奇病発生」について熊本県の衛生部が厚生省公衆衛生局防疫課に伝えている．その後同年 8 月中に，水俣市奇病対策委員会は熊本大学に調査研究を依頼する．熊本大学では医学部水俣奇病研究班を設置した．その 5 日後には水俣市奇病対策委員会から県に，県から厚生省へと，症状の特徴を記した報告書が提出された．その後熊本大学の医学部水俣

奇病研究班においても，チッソ附属病院においても調査が進められ，熊本県においても 1957 年に庁内に熊本県水俣奇病対策連絡会を設置した（政野 2013：16-18）．

　そうした中で，原因物質究明の研究も着々と進められていくことになった．1958 年 7 月 7 日厚生省公衆衛生局長は「化学毒物は主としてセレン，タリウム，マンガンが疑われる．これは新日本窒素肥料株式会社水俣工場の廃棄物が影響している」と，原因物質を留保しつつも，排出源としてチッソの名前を公表した[9]（政野 2013：19-20）．1959 年秋，経済企画庁の水質保全課の調査水域に，厚生省からの強い要望によって水俣も加えられることになった（指定水域になるのは，政府による公害認定の翌年の 1969 年である）（熊本日日新聞社 2008：181）．また水俣病総合調査研究連絡協議会（事務局は経済企画庁）では当初，水俣病の原因について意見が分かれていたが，1960 年秋には「状況証拠からチッソの排水が怪しい」との認識にまとまったという（熊本日日新聞社 2008：182-183）．

3　問題点としての「公害」

　確認してきた通り，水俣市は，チッソとその関連企業群による生産活動が行われる地域である．それゆえに，チッソ関係者が数多く居住し，地域経済や水俣市政がチッソに依拠する割合は大きい．新日本窒素水俣工場と新日本化学への就業者だけで，水俣市内における全就業人口のおよそ 2 割を占めていた．その関連企業への就業者や，各々に家族がいたとするならば，チッソ関係者として括られる地域住民が水俣市民に占める割合は相当に高いものであったと推察される．また実際に，市税収入のおよそ 5 割をチッソ関連から徴収しており，さらには水俣市長を新日本窒素水俣工場の元工場長が 3 期務めていた．このように，水俣市内においてチッソは欠くことのできない企業であった．

　実際に，こうした地域特性は地域教育においても説明されており，新日本窒素水俣工場を誇り得るものとして解説していた．この通り，水俣市を「チッソ（新日本窒素肥料株式会社水俣工場）の企業城下町」とする地域像が非常に色濃いものであったことが確認できる．

加えて，水俣市内の特に沿岸部に集中して確認されたのが，地域住民の健康被害であった．この健康被害への調査が進むにつれて，その原因の発生源として新日本窒素水俣工場における生産活動の排水に焦点が当てられることとなった．チッソは健康被害の原因を生みだした企業としてその企業名が厚生省により挙げられるに至った．すなわち，水俣市内で確認された地域住民の健康被害は，「公害病」という特徴を持つものだったのである．

「チッソの企業城下町」とする地域像を文脈として位置づけるならば，チッソの生産活動を原因として発生した「公害病」は否定提起意味を持つものとして位置づけられることが分かる．すなわち，公害病の発生は，水俣市という地域社会において大きな問題点となっていた．

第2節　水俣病をめぐる動向

1　患者団体による運動

熊本県水俣市において水俣病という公害が発生したものの，地域の構図によって反対運動は抑圧されていた．その後，他の公害都市における運動に追随する形で水俣においても運動が展開されていくことになる．

(1) 運動の始まり：新潟水俣病への追随として

水俣病と同様の症状を発症する人が新潟においても続出していた．新潟水俣病が公式に発見されたのは 1965 年であり，水俣病の公式発見から 9 年後のことであった．丸山は言う．1959 年の見舞金契約の後，「新潟水俣病が確認されるまでは，水俣の水俣病は闇に閉じこめられていました」(丸山 1998：3)．新潟水俣病が発見されたことで水俣の水俣病問題も動き始めることになる．[10] 運動は新潟で先行して始まり，裁判も新潟で先に始まった．丸山は新潟水俣病の運動と裁判に言及した上で，「それを受けた形で熊本でも患者の動きが出てき」(丸山 1998：3)たと指摘する．

1968 年 1 月，司法に訴えた新潟水俣病の患者と弁護士らが水俣を訪れた際，

彼らに対して，水俣病患者家庭互助会の会長はこれまで運動してこなかったことに触れ，「一二年前のあの頃は，世間も公害に関心が無く，チッソあっての水俣だったため，患者以外の市民・労働者はすべて私たちの敵でした．（中略）泣く泣くわずかな見舞金で手を打ったために，あなた方に大変な迷惑をかけました．申し訳ありませんでした」と挨拶を述べている[11]．

　その後，水俣病患者家庭互助会の内部では補償交渉をめぐって意見が分かれたが，28 世帯が提訴することを決める[12]．これが水俣病の初めての裁判である．四大公害病で最も遅い提訴であった[13]．1969 年 6 月 14 日，28 世帯（112 人）の原告がチッソを相手に損害賠償を求める裁判を熊本地方裁判所で起こした．そこで訴訟のリーダーとなった原告団長は，熊本地方裁判所の前でこう挨拶する．「皆さん，私たち水俣病患者は，たったただ今から国家権力と立ち向かうことになりました[14]」．これに対して政野はこう解説する．「『チッソ城下町』と言われた水俣市でチッソを相手に裁判を起こすことは，国と一体でもある地域の支配者に立ち向かうことだった」（政野 2013：41）．

　つまり，新潟水俣病の運動に追随する形で，水俣病の運動は盛り上がりを見せた．新潟水俣病が確認された 1965 年当時，公害問題は日本社会で重視されるようになっていた（丸山 1998：3）．それは 1964 年には既に政府に公害対策推進連絡会議が設置されていたことからも窺える．こうした社会的雰囲気の中，政府には原因者を明らかにする必要があり，熊本の水俣病も併せて扱われたという（丸山 1998：3）．ただしそれは，当時の水俣においては反社会的行動という意味を持つものであった[15]．

　こうして水俣病裁判が行われることになったのだが，度重なる提訴と判決の中でも，大きな転換が見られるのは 1987 年以降である．1987 年の水俣病第 3次第 1 陣訴訟判決で初めて国と熊本県の責任が認められ，1990 年に初めての和解勧告が東京地方裁判所で出されたのを皮切りにいくつかの裁判所から和解勧告が出されたのである．

(2) 運動の拡大：国際社会への働きかけ

1960 年代後半から水俣病が日本国内において社会問題となりゆく際，水俣病の患者団体は情報発信を国際社会に向けて行っていくことになる．水俣病患者の救済を，国際社会に求めたのである．水俣病という水銀中毒の経験が他国や他地域と共有されていくことになる．

1972 年には，スウェーデンのストックホルムで開催された国際人間環境会議に，水俣病患者の代表者が主席し，水俣病問題について訴えた．1975 年と 1983 年には，カナダにおいても同様の水銀被害を被るカナディアンインディアンによる水俣への来訪を受け，1984 年にはインドネシアの環境保護団体「グループ 10」による水俣への来訪を受けている[16]．

このように，患者団体が国際社会を視野に入れた活動を行う中で，1987 年には水俣病関連十団体の代表者が連名で，国連人権委員会に人権侵害の申し立てを行った（「水俣病に関する人権侵害救済申立」）．国連人権委員会への人権侵害の申し立ては，当時年間 3 万件ほどにものぼるとされているものの，受理されるものは約 150 件前後と少ない．実際に，日本国内の公害被害者からの救済申し立てがそれまでに受理されたことはなかった．しかし 1988 年に水俣病患者らからの救済申し立ては，国連人権委員会によって受理されることになった（『西日本新聞』1988 年 6 月 8 日[17]）．

こうして，水俣市という日本の地方都市に生じた水俣病問題は，国際社会との繋がりを持つようになる．

2　国際社会における地球環境問題の主題化

国連人権委員会に人権侵害の救済申し立てが受理されたのと時期を同じくして，国際社会においては環境問題が重要な課題となっていた（米本 1994）．米本によれば，国際社会では東西冷戦の終結へ向かうことを契機として環境問題が主題化されることになったという．その転換点となったのは 1988 年の国連総会である．本総会を契機として，環境問題に対する主導権争いが生じていく．1989 年には地球環境問題の国際会議が立て続けに開催された．例えば 1989 年

3月にはイギリス政府と UNEP との共催で「オゾン層保護に関するロンドン会議」が開催され，同年3月にはフランスがオランダ，ノルウェーと共同で環境サミットを開催した．さらに同年9月には日本においても「地球環境保全に関する東京会議」が開催された．こうした国際政治の枠組みの転換が結実したものとして，米本は 1992 年開催の地球サミットを挙げる．1989 年 12 月に国連総会決議の決議によって企画され，それから2年半の間に地球環境問題の国際社会における方策を求めて議論と具体策を積み上げてきた仕上げの場として，国連特別総会つまり地球サミットが開催された．

　国際情勢がこのように転換期を迎える中，日本もその余波の影響を受けていた．例えば，1988 年には通商産業省の私的研究会「地球問題研究会」の報告書は，環境汚染防止において世界に貢献することの必要性を説いている．『熊本日日新聞』(1988 年 6 月 9 日¹⁸⁾)によれば，本報告書は「日本が人類共通の課題となっている諸問題の解決を考える時，小国意識を脱した発想の転換が必要」と強調しており，経済大国として長期的視点に立った上で世界への貢献を図ることの重要性を訴えている．この時，「『公害』から『環境』へと，大きな政策転換時期を迎えていた」(熊本日日新聞社 2008：177) のであった¹⁹⁾．

第3節　水俣市における水俣病

1　発展の妨げとしての水俣病

(1) 言及されない水俣病

　確認してきた通り，水俣病は水俣市における社会問題となっており，水俣病の発生源としてチッソを強く疑う状況となっていた．しかしながら，「チッソなくして水俣なし」という水俣市繁栄・発展の神話が，行政にも根強く存在した (石田 1983：67)．実際に，当時の水俣市は水俣病の存在を隠そうと努力していたと色川は指摘する (色川 1996)．

　1961 年版の水俣市の『市勢要覧』において，当時の水俣市長は挨拶文の中でチッソについてこう語る．「海と山には風光に恵まれた温泉を有し，豊富な林

産資源と近代化学工業の粋を誇る新日本窒素肥料株式会社および新日本化学工業株式会社を擁し，健康な文化都市を目指して，産業，教育，文化等市民福祉の向上を図り，よりよき理想郷への建設に不断の努力を傾けております」[20)21)]．

　水俣病問題を研究する色川は，この挨拶文について，水俣市が継続的に「水俣病かくし」に努力していたことの表れであると指摘する．色川に拠れば，水俣市は1968年の政府公式見解が出るまでは，市報において水俣病を無視し続けたという．さらに1968年の公式見解以降も水俣病かくしに終始していたと指摘する．色川は水俣市の対応をこう分析する．水俣市が「水俣病患者を完全に棄民扱いにし」，後の患者運動に対して「『会社をつぶし，市の未来を暗くするもの』として敵視した」．「水俣病患者のために，市の発展が邪魔される．水俣のGNPの一％以下の者らのために，九九％の市民が迷惑する」「大多数の繁栄のためには少数者の犠牲はやむをない」という論理のキャンペーンが，水俣市の広報で一貫して行われたという（色川1996：107-108）．

(2) 生産活動継続への陳情

　こうした地域内の情勢，構図[22)]を象徴するような衝突があった．1959年11月，水俣病の原因はチッソの排水だろうと考えた漁業者たちが，チッソに排水停止を迫り騒ぎになった．かねてからチッソの排水が汚染源と疑っていた漁業者は，魚介類が売れず事態が悪化の一途を辿っている状況を受け，その怒りの矛先をチッソへ向けた．その怒りは実力行使で工場に乱入する結果となり，合計で百名以上の負傷者を出す大騒動となった．熊本日日新聞社編集局長（2008年当時）の高峰に拠れば，水俣病はこの騒動で初めて全国ニュースとなったとい[23)]う．ただし「それは公害問題としてではなく，治安を揺るがす事件として伝えられた」（高峰2012：19）ものであった．高峰に拠れば本報道は「被害者の暴力行為だけがクローズアップされ，肝心の加害企業の排水停止はうやむやにされてしまった」（高峰2012：19）という内容だった．

　もっとも，チッソの企業城下町において，その責任を追及したこの行動は「チッソ創立以来のまさに画期的な事件であった」（丸山1985：32）として位置づ

けられる.

しかしながら,漁業者の要望とは対照的に,この騒動に対して水俣市民は熊本県に「工場廃水の停止は水俣市民の死活問題」「チッソの排水を止めてくれるな」と陳情に赴いた.そのメンバーは水俣市長,市議会議長が先頭に立ち,商工会議所,労働組合,およそ 28 団体の代表 50 人であった.これは漁業者と患者を除いて全市的にチッソを応援したことを意味する.さらには,厚生省に対して,健康被害の原因究明に関する結論を早急に公表しないように陳情している (丸山 1985:27;熊本日日新聞社 2008:239).

その後,1968 年に水俣市発展市民協議会が発足し,水俣工場の再建強化の要望を決議した決起大会には 53 団体,約 2500 名が参加した.さらに,1971年にはチッソ支援を目的とした,水俣を明るくする市民連絡協議会が結成された.また 1977 年にはチッソの再建を求める署名活動が,水俣市議会も参加する形で推進された (丸山 1985:33).

こうした水俣市のチッソを擁護する動向はその後も繰り返された.1971 年,水俣市長はチッソを支援する大会にて「全国の世論を敵にしてもチッソを擁護する」と発言した.さらに,1975 年には水俣市議会が水俣湾の処理事業計画について処理費用のチッソ負担額の軽減を求める意見書を採択している.加えて,チッソ再建を求める運動が高まったことに対して,1978 年水俣市議会は 350 万円の補助金を可決している (丸山 1985:27-28).

石田の分析によれば,チッソの責任が明らかになって以降,より一層,「市の振興」と「チッソの存続」とが水俣行政において結び付けられる傾向が顕著になったという (石田 1983:71).このように,市長らは「会社あっての水俣」「チッソを守れ」「チッソ存続」を掲げる運動の先頭に立ち続けた (色川 1996:[24)25)] 108).

さらに水俣病患者支援を行ってきた丸山は,チッソ支援を目的とした支援体制が全市的に形成されてきた事実は,「チッソ運命共同体意識」が根付いていることを示していると指摘する.こうした「共同体」を危機に陥れる人物は,秩序を乱す異分子として,「共同体」から排除されると指摘している (丸山

第3章 水俣市と水俣病 *69*

表3-2 水俣市におけるチッソ及び関連会社が占める比重

	年度	比重	計算方法
工業用地	1970年	67.6%	チッソ関連用地÷市工業用地
工場適地	1970年	57.8%	チッソ所有分÷総工業適地
水資源	1970年	92.9%	チッソ取水量÷（チッソ取水量＋水俣市給水能力）
上水道	1970年	10.6%	チッソ使用料÷総供給量
工業出荷額	1968年	65.9%	チッソ関連会社出荷額÷総出荷額
商品販売額	1970年	30.1%	水光社（チッソ職域生協）供給高÷小売商販売総額
労働力	1970年	18.6%	チッソ関係就業者÷就業者総数

出典）仲村（1975：357）表6を筆者修正.

1985：33).

(3) 企業城下町の様相

　水俣市においてチッソがいかに重要であったかは水俣市の各資源の使用状況
からも確認できる．表3-2の通り，1970年度の水俣市内における工業用地の
67.6％，工業適地の57.8％をチッソとその関連会社が使用し，さらには水資源
の92.9％と上水道の10.6％，また工業出荷額（1968年度）の65.9％を，商品販
売額の30.1％をチッソとその関連会社が占めていた．

　また，水俣市の就業者総数におけるチッソ関係就業者は18.6％を占めていた．この「チッソ関係就業者」については，チッソとその関連会社の就業者ということになる．チッソは，1960年以降関連会社をおよそ20社ほど設立しており，その内，水俣市周辺に15社を設立したとされている．チッソ本体の従業員数は減少している．

　表3-3の通り，1965年から1970年にかけてチッソ従業員数は急激に減少している．たしかに，1960年の就業者総数に占めるチッソ就業者の割合は19.3％であり，1970年度にチッソ関係就業者の就業者総数に占める割合が13.6％であるものの，割合の低下は限定的であることが分かる．

　以上の事実から，水俣市が多数の関連会社を抱えるチッソの企業城下町であり続けたことが分かる．

表 3 - 3　水俣市の人口並びに就業者総数とチッソ従業員数の推移
（1950 年以降）

	人口	就業者総数	チッソ従業員数
1950 年	43,661 名	16,885 名	4,385 名
1955 年	46,233 名	17,722 名	4,032 名
1960 年	48,342 名	19,944 名	3,850 名
1965 年	45,577 名	19,857 名	3,609 名
1970 年	38,109 名	16,994 名	2,316 名

出典）仲村（1975：357）表 5 を筆者修正.

2　地域教育における水俣病経験の教材化

では水俣市内において，水俣病はどのように説明されてきたのだろうか．水俣市における教育を担ってきた水俣市教育員会による水俣病の取り扱いの変遷に焦点を当て，当地における水俣病の意味合いの変遷を確認したい．地球環境問題が主題化された頃に時期を同じくして水俣病の教材化への取り組みが開始されていく過程を確認していこう[26)27)].

（1）人権教育と環境教育

水俣市教育員会は市内の各小学校[28)]，中学校の教育の取り組みと水俣市教育研究所の取り組みを紹介する冊子『研究紀要』[29)]をほぼ毎年発行している．以下の表は，水俣市立図書館に保管されている水俣市教育委員会『研究紀要』で取り上げられた内容について整理したものである．

表 3 - 4 から，水俣市内の教育を紹介する『研究紀要』では，水俣病について1991 年まで全く触れられていないことが確認できる．水俣病には全国的関心が寄せられていたにもかかわらず，水俣市内においては，水俣病の教材化は積極的に取り組まれてこなかったのだ．

水俣病の教材化を検討した記事が初めて出てくるのは，1992 年のことであった．この教材化の取り組みを行った学校は，水俣病の劇症患者が多く発生した地域を校区内に有し，かつ原因企業で働く人がいる校区を持つ中学校であっ

第3章　水俣市と水俣病　　71

表3-4　水俣市教育委員会『研究紀要』における水俣病の教材化の検討

発行年	水俣病への言及の有無とタイトル[1]	環境への言及の有無とタイトル[2]
1979	なし	なし
1981	なし	なし
1982	なし	なし
1983	なし	なし
1984	なし	なし
1985	なし	なし
1986	なし	なし
1987	なし	なし
1988	なし	なし
1989	なし	なし
1990	なし	なし
1991	なし	なし
1992	あり 「郷土みなまたを誇りに思う指導はどうあるべきか──水俣病学習を通して──」	なし
1993	なし	あり 「水俣市環境副読本の作成」
1994	なし	あり 「水俣市における環境養育副読本の作成──『心ゆたかに水俣』の作成を通して──」
1995	なし	あり 「生活環境教育副読本の活用について──『心ゆたかに水俣』を使って──」
1996	なし	あり 「郷土の自然を愛し，思いやりのある生徒の育成を目指して──水俣に根ざした環境教育の実践──」 「生活環境副読本『心ゆたかに水俣』の活用について──『くらしきれいに』の単元を通して──」
1997	なし	あり 「郷土の自然を愛し，思いやりのある生徒の育成を目指して──水俣に根差した環境教育の実践──」 「生活環境副読本『心ゆたかに水俣』の活用について──手引書の作成に向けて──」
1998	なし	あり 「郷土の自然を愛し，思いやりのある生徒の育成を目指して──身近な環境に目を向け，気づき，考え，行動できるための方策の研究」 「生活環境副読本『心ゆたかに水俣』の活用について──手引書作成を通した環境教育の取り組み」

注1)　各記事のタイトルに「水俣病」の文字が表記されている記事が一つでもあれば言及「あり」，全くなければ言及「なし」とした．

注2)　各記事のタイトルに「環境」の文字が表記されている記事が一つでもあれば言及「あり」，全くなければ言及「なし」とした．

出典)　水俣市教育委員会『研究紀要』より筆者作成．

た．水俣市立袋中学校は，「郷土みなまたを誇りに思う指導はどうあるべきか──水俣病学習を通して──」を学習テーマとして設定した理由について次のように説明する．「水俣病を正しく理解し，公害のない世界を創る」ことを目指し，「郷土を誇りにし『私は水俣出身である』と胸を張って言える生徒になってもらいたい．将来を担う生徒に願いを込めてこのテーマを設定」したという．こうして「水俣病についての正しい認識が深まれば，水俣病に対する劣等感や差別はなくなるのではないか」という仮説を提示する（水俣市立袋中学校 1992：67）．つまり，水俣市立袋中学校は，水俣病に起因する劣等感や差別は存在し，それは教育・啓蒙活動によって対処すべきものである，という立場をとる．指導の方針は「人権教育を基盤にすえて指導」することであり，教材化への事前準備の成果として人権教育の中心に水俣病学習を据えたことを挙げている（水俣市立袋中学校 1992：68）．つまり，ここでは水俣病の教材化は人権問題として意義づけられていることが分かる．

しかしながら「水俣病」が取り扱われるのはこの 1 年のみで翌 1993 年以降，水俣病という用語は再び出てこない．その一方で注目に値するのは，環境が教育課題として繰り返し検討され始めたことである．同書において 1993 年に環境が検討課題として挙げられて以降，2006 年に至るまで毎号，環境は検討対象として提示され続けた．

(2) 環境教育副読本の刊行

環境教育の地域副読本として水俣市教育委員会が 1995 年に初版を刊行したのが，小学校高学年用の水俣市生活環境教育副読本『心ゆたかに水俣』である．水俣市立図書館所蔵の『心ゆたかに水俣』の構成は以下の**表 3-5** の通りである．

同書において，水俣病は冒頭のトピックとして 20 ページ分を割いて取り上げられている．他の二つのトピック（「2 くらし　生き生き」「3 くらしきれいに」）が各々 11 ページであることと比較すると，環境教育において水俣病を非常に重要な項目に位置づけていると理解できる．つまり，水俣市教育委員会は同書に

第3章 水俣市と水俣病　*73*

表3-5　水俣市教育委員会 (1995)『心ゆたかに水俣』目次

項目	開始ページ
『水俣市』ってどこに？	
はじめに	1
1　水俣病に学ぶ	6
(1) 水俣病の起こり	8
(2) 患者さんの苦しみ	10
(3) 水俣病の裁判	12
(4) 水俣病に関係のある施設	13
(5) よみがえれ　水俣	16
※水俣病関連年表	22
※私たちのくらしと住みよい水俣づくり	24
2　くらし　生き生き	26
(1) 水はどこから	28
(2) 一日に使う水	30
(3) 水を大切に	32
(4) 使った水の通り道	34
(5) 水を汚さないために	36
3　くらしきれいに	38
(1) 水俣市のごみの量	40
(2) 家庭や学校からでるごみ	42
(3) ごみの始末	43
(4) 水俣市が進めるリサイクル	46
※環境すごろくをしよう	48
4　資料	50
資料1　自然・資源・環境を大切にする学校での取り組み	50
資料2　自然環境観察研究　水俣久木野「山・川の今昔」	52
資料3　水俣地域資源マップ (1区〜26区)	54
保護者・先生方へ	

出典）水俣市教育委員会（1995）より筆者作成.

おいて水俣病を環境問題として提示している．この副読本はその後，現在に至るまで3度の改訂を繰り返しているが，水俣病を環境問題として取り上げている点に変化はない．

つまり，『研究紀要』で確認した通り，1992 年に初めて水俣病に関する記事が掲載され，翌年 1993 年から環境が教材として検討され始めたが，環境教育の中心的役割に位置づけられたのは水俣病であった．1992 年に水俣病に関する記事が初めて掲載された際は，水俣病は人権問題と環境問題の双方に関連させながらも，人権問題としての一面が強調されていた．しかしながら，その後の水俣病は環境問題として繰り返し提示されるようになった．要するに，水俣病問題を抱える当地は，水俣病を環境問題に位置づけるに至る．

第 4 節　水俣市政における水俣病への取り組みと説明枠組み

以上のように，国際政治においても，水俣市教育委員会においても，環境問題が主題化してゆく 1990 年前後，水俣市政においても水俣病経験は環境と関連づけて検討されるようになる．

1　水俣市の動向

(1) 水俣市立水俣病資料館

1990 年を前後して水俣市が開始したのが環境事業である．環境事業群には環境に関する宣言や，環境教育の誘致，イベントの開催等がある．中でも，環境事業において重要な役割を担うのが，水俣市立水俣病資料館の開設である．水俣問題の観察者であった丸山に拠れば，「水俣病を正面に据えた都市づくりをやっていくということになって，その中で水俣病資料館を建設しようということになった」（丸山 1998：4）と位置づけており，水俣市の動向を理解するにあたり，水俣市立水俣病資料館は非常に重要であることが分かる．

水俣市立水俣病資料館の開設についての詳細は丸山（1998）にまとめられている．本施設は，水俣市における環境教育の場として提示されている．資料館の建設については，具体的な構想については水俣市議会において議論されたものであり，国土庁の地域個性形成事業として行われたものであった．1989 年

に指定を受け，1993年に開設した．

丸山の整理に拠れば，水俣市立水俣病資料館は，「展示の中身はパネルが中心になっていますが，模型・標本，それから映像・ビデオ等々，工夫してやって」（丸山 1998：4-5）いるものであるが，それらに加えて，1994年より語り部制度が導入されており，来訪者からの要望があれば水俣病患者やその家族らが自らの経験を語っている．

なお，水俣市立水俣病資料館の入場料は無料であり，入館時に氏名と居住地を記入するようになっている．入場者数に関して正確な数字は把握できないが，開設後のおよそ5年間の間に，約14万5000人が来訪していることが判明している．なお，来訪者の内訳は56％が熊本県内からであり，熊本県以外の九州からが29パーセント，九州以外の国内からが12.4％，また外国からは1.7％である．なお，環境教育の現場として来訪する小中学校も数多い．1997年における来訪者の内訳は小中学生が29パーセントを占めている（丸山 1998：5）[30]．

水俣市立水俣病資料館について，水俣市議会での議論が記録されている．後に開設することになる水俣市立水俣病資料館について，定まらない具体的な構想に関して嘉松健三水俣市議は，1988年3月水俣市議会において次のように述べている．

> 「世界最大の公害と言われる水俣病の発生の中から，貴重な教訓を引き出し，二度と再びこのような公害をおこさないために，広く世界に訴えることが出来るものでなければなりません」．

(2) 繰り返された説明枠組み：「地球環境問題への先行事例」

これと同じ論理構成は，繰り返し確認される．水俣市は，水俣病の経験を踏まえた取り組みを始めることになるが，その際に繰り返し用いられたのが，「世界」の文脈において水俣病は「貴重な教訓」であるから対外的に「訴える必要性がある」という論理であった．水俣市長（当時）の岡田稔久は，1986年3月の水俣市議会の一般質問において以下のように答弁する．

「まず，第一点，水俣病問題の現況をどのように考察しているかというご質問について申し上げます．水俣病は，戦後我が国が経済復興を遂げていく過程の中で，私どものこの水俣市に起こった大きな悲劇であると思います．ご承知の通り，水俣病は人の健康と自然環境の破壊の深刻さにおいて世界にも類のない公害であり，水俣市を初め周辺地域社会にもたらした被害とその影響はまことに甚大であると思います」[31].

この答弁内容から，当時の水俣病に対する水俣市長の見解を知ることができる．

また水俣病の経験を世界的空間で捉え，対外的な意義を訴える必要性を説く際にモデルとして参照したのは，広島と長崎である．端的に示した市議の発言として，1988年6月水俣市議会での川本輝夫の発言がある[32]．少し長くなるが引用して確認してみよう．なお，川本輝夫とは，チッソとの交渉や運動を行った代表的人物であり，水俣市議として活動する中で，水俣湾の世界遺産化を提唱していくことになる人物である[33].

「市長をはじめ皆様もご高承のように，今や自然環境の維持，保護の問題については，全世界的な視野で対処しなければならないと，国連でも我が国の政府筋も表明し，警告を発しています．翻って，水俣病事件を語る時，きまって『公害の原点』とか『世界に類例のない』あるいは『人類未曾有』などの形容詞が使用されております．確かに，今や世界に共通する水俣病ではありますが，さきに述べた二，三の形容詞が使われている割には，いわゆる他山の石あるいは教訓足り得ていないのではないかという気がしてなりません．そこで，これらの形容詞を名実ともに人類と世界のものにするためには，人類初体験の広島や長崎の原爆被災地の被爆者や，市長──首長，行政が声をからして世界に向けて訴え叫んでいることを学ぶ必要があると私は考えます．（中略）そこで，私の持論である，爆心地とも言える水俣市には，多方面から，また世界的視野からも要請されていること，果たさなければならない責務，あるいは期待されているものがあると

私は考えます．（中略）公害認定 20 周年を機に，水俣市の主体性に基づいて独自の水俣病宣言あるいはアピールを内外に向けて出すお考えはないか，市長にお尋ねいたします」．

　川本の発言においても，世界基準での貴重な経験である水俣病を訴える必要があるとの論理構成をとっていることが確認できる．水俣市の外部社会における状況が変化したことを受けて，水俣病は訴え得る貴重な経験となっているのだと説明する．こうした市議らの発言に繰り返し確認されるのは，水俣病経験が国際社会における地球環境問題に貢献し得るものであるという論理である．
　水俣病経験を国際社会の文脈で理解することで肯定的に捉えるという論理構成は，水俣市議会によって 1992 年 6 月 25 日に採択された「環境・健康・福祉を大切にするまちづくり宣言」において端的に説明される．

　　「我が水俣市は，戦後復興期の生産第一主義による急速な経済成長の過程で発生した，環境汚染による健康被害と自然生態系の破壊の深刻さにおいて，人類史上その類を見ない産業公害である水俣病を経験してきたところである．この間市民は，その未曾有の被害とはかりしれない影響を克服するため，これまでの貴重な教訓を生かし，環境を大切にし，自然と人間と産業が調和したまちづくりを目指し，市民一体となって努力しているところである．
　　　近年，環境破壊が地球の存亡に関わる最大の問題として認識されつつある中で，水俣病の教訓を広く情報発信し，環境破壊への警鐘としていくことは，公害の原点と言われてきた水俣市が世界の環境問題に寄与する最大の役割であると考える[34]」．

　また，水俣病という公害経験を地球環境問題への解決に活用していくことは，水俣「市民の悲願」であったとも説明される．市長（当時）である岡田稔久は 1991 年 3 月市議会の所信表明において次のように述べていた．

　　「公害の原点として，環境破壊による水俣病の悲劇を体験した水俣市が，

あらゆる困難な問題を克服して，二度と再びこのような悲劇を繰り返さないとの決意のもとに，豊かな自然を生かしながら，安全でしかも潤いのある住みよい環境をつくり出していくことは，単に社会，経済活動の利便性の確保の基礎であるにとどまらず，悲劇を体験した市民の悲願であり，また責務でもあります」．

　こうした水俣病経験を対外的に発信する取り組みを実施可能にした背景について，水俣都市計画の再検討や水俣都市環境再生ビジョンの作成などに携わった水俣市役所職員の吉本哲郎は後にこう解釈する．「いま，水俣で起きていることは，価値観の地殻変動みたいなもの」(吉本 1995：204) だと．吉本に拠れば，周囲の状況が変化したことで，水俣市民における水俣病経験への理解も否定的なものから，肯定的なものへと変化している．こうした意識の変化は，どのように結実していったのかを確認していこう．

2　地域再生の発信

　1992 年 11 月 7 日から 14 日にかけて「環境・創造・みなまた '92」が開催された．8 日間にわたって，水俣地域の再生を図ったイベントである．ここで主催者挨拶において，水俣市長 (当時) の岡田はこう発言する．

　　「水俣が公害問題の原点として，水俣病の尊い犠牲から身を持って体験した貴重な教訓を広く国の内外に情報発信することは，水俣市の責務と考えている．この役割を着実に果たしていくことによって，国内はもとより広く世界の環境問題に貢献できるものと思っている」[35]．

　岡田は本イベントについて，「ブラックイメージを持って訪れた人は，他の色へとイメージが変わったと思う，それが今回の一番の成果でしょう」と語る (『朝日新聞』1992 年 11 月 18 日)．新聞記事は，本イベントを「『暗いイメージを打ち消したい』という外に向けた水俣からの発信が始まった」と意味づける．

　このように水俣市の「暗いイメージを打ち消したい」という対外的な発信は，

翌 1993 年の水俣市立水俣病資料館を開設するに至る．水俣病資料館は，「水俣病を風化させることなく，公害の原点といわれる水俣病の貴重な資料を後世に保管」し，「世界のどの地域でもこのような悲惨な公害が発生してほしくない」ことを目的とする．「平成 5 年 1 月にオープン以来，国内のみならず，今では全世界から年間 5 万人の方々が訪れ，公害学習・環境学習だけでなく，人権教育の場としても活用されてい」る．[36]

　こうして，水俣市は水俣病経験を対外的に提示するようになった．これが，水俣病経験の観光利用の始まりである．いま，水俣市は教育旅行というパッケージのもと，水俣市への来訪を誘致している．[37]

おわりに

1　要　約

(1) 経緯のまとめ

　以上の通り，水俣市における水俣病への取り組みは進展してきた．その動向の要点をまとめておこう．

　1956 年に水俣保健所は中枢神経疾患の患者が多数いることを把握した．これが水俣病の公式発見とされる．その原因者としてチッソの生産活動が強く疑われていた．それにもかかわらず，水俣市は 1968 年にチッソ工場原因説とする政府の公式見解が出るまで水俣病への言及を避けていた．しかし，1980 年代後半からは一転して，水俣市は水俣病経験を対外発信に用いることになった．

　なぜ，水俣市は水俣病を封じようとする姿勢から，水俣病を積極的に発信する方針に変えたのか．注目すべきは，水俣市が国際社会の動向に関連付けて情報を発信した点であった．つまり水俣市は，国際社会の文脈で水俣病経験を位置づけたことが分かる．米本によれば，ほとんどの為政者にとって 1970 年代の公害問題はあくまでも内政問題であったが，1990 年代に入ると，地球環境問題は国境を越える課題として認識されていたという（米本 1994：44）．

つまり当時，国際社会において主題化されてきた地球環境問題を考える上で水俣病は適した先行事例として捉えることが可能となっていた．水俣病の経験は地球環境問題として，人類と環境の共生を目指す国際社会に貢献できるものであり，地球環境問題を考える上では適切な社会問題として，投げかけられたのである．

(2) 水俣市のその後

この後，水俣病経験は水俣市民の住民意識の醸成に際して中心に据えられる．1994 年に吉井市長が「もやい直し」を宣言した．水俣病の公式発見から 40 年近い歳月を経た 1994 年 5 月 1 日の第 3 回水俣病犠牲者慰霊式において，水俣市長が水俣病によって生じた市民間の対立について触れ，それを修復しようと「今日の日を市民みんなが心を寄せ合う『もやい直し』の始まりの日といたします」[38]と表現した．もやい直しとは，漁師の言葉であり，船をつなぎ合わせるという意味である．ここでは，水俣病により生じた市民間の亀裂を修復する意味で使われている．つまりこの時，水俣市は水俣病を経験したことを前提とした．水俣病を隠そう，封じようとしていた 1950 年代や 1960 年代の状況と比較すると，その変化は歴然である[39]．

このように水俣病の経験を前面に押し立てる動向は，現在にまで続いている．例えば，1970 年代には水俣病の病名変更の陳述運動が繰り返され，その一方で患者らは自分たちの存在を主張して病名変更阻止の運動を行っていた（丸山 1998：4）．しかし，2013 年 10 月に熊本で開催された外交会議にて採択された「水俣条約」[40]について，その命名に対して宮本市長は「世界中の人々に想起させるという意味でも非常に意義深い」と歓迎するコメントを出している（政野 2013：228）．

2　解　釈

水俣市には「チッソの企業城下町」とする地域像があり，チッソの生産活動を原因とする「公害病（水俣病）」が発生した．「チッソの企業城下町」における，

チッソの生産活動を原因とする「公害病」であるから，公害病は否定的に意味づけられ，地域像における問題点として位置づけられる．

　行政組織としての水俣市を含む水俣市地域社会において，水俣病は水俣市の発展を妨げるものとして理解されていた．この時，水俣市は水俣病を封じようとする動向さえ見せていた．

　そうした中で，地球環境問題が国際社会の主題化してゆく．そして，水俣市は水俣病と関連させた環境事業に取り組み始めた．この時，水俣病を地球環境問題への先行事例として説明し，水俣市が取り組みを開始した環境事業群は水俣市立水俣病資料館の開設や各種宣言等，加えて教育旅行の誘致等を行うに至る．

　すなわち，水俣市は地域社会の問題点へ対処するという政策方針を持っていたと解釈することが可能である．

3　水俣市を通して分かったこと，残った課題

　以上，水俣市の事例を通して，否定的な状況認識に対して，どのような対処方策が講じられたのかが明らかになった．水俣市という「企業城下町」において「公害問題」が発生したことで，水俣市内に加害と被害が併存するという大変困難な状況にあった．そうした中で，1980年代後半から国際社会において地球環境問題が主題化した．地球環境問題は，水俣の地方史と関連付けて説明され，「企業城下町」において発生した「公害問題」だからこそ，「地球環境問題の先行事例」としての経験を積んできたとする解釈を可能とした．

　以上の通り，水俣市の事例において，加害と被害の併存した地方史というネガティブな選択肢を再解釈する形で，否定的な状況認識に対処したことが分かった．

　しかしながら，水俣市のように，地域社会において極端なまでにネガティブな選択肢を有する地方自治体ばかりが存在するものではない．第一事例であった神戸市においては，否定的な状況認識に対してポジティブな選択肢で置き換えるという対処方策を講じたことが明らかになった．続いて第二事例である水

82

俣市において，否定的な状況認識に対して，ネガティブな選択肢を再解釈する形で対処方策を講じたことが明らかになった．では，もし，否定的な状況認識に対して，ポジティブな選択肢とネガティブな選択肢を併有する場合，地方自治体はどのような対処方策を講じるのだろうか．

　続いての事例はむつ市である．本州最北端の地において後進性問題を抱えていた状況下で，集客力を誇った恐山のイタコ観光と，放射線漏れの事故を起こした原子力船の母港，ポジティブとネガティブこの双方を擁したむつ市は一体どのように後進性問題に対処したのであろうか．

　注
1)　水俣市教育旅行誘致促進協議会 (2001) 参照．現在，水俣市の組織に商工観光課は無く，観光の名称の付く部署名は経済観光課となっている（水俣市ウェブサイト上の組織図を参照）．
2)　水俣市は熊本県の協力のもと，1997 年に水俣市教育旅行誘致実行委員会を発足させた．修学旅行生の誘致に取り組みを行っている（熊本県水俣市 (2014) ウェブサイト参照）．
3)　水俣市教育旅行誘致促進協議会パンフレットを参照．
4)　チッソはこれまで異なる社名を用いてきた．その変遷は次の通りである．
　　1906 年　曾木電機株式会社設立．
　　1908 年　日本窒素肥料株式会社に改称．
　　1950 年　新日本窒素肥料株式会社に改称．
　　1965 年　チッソ株式会社に改称．
5)　チッソ資本は，三度にわたる改称を経ている．まず 1906 年に曽木電気株式会社として創設されたが，1908 年に社名を日本窒素肥料株式会社と改めた．その後，1950 年に新日本窒素肥料株式会社として再発足し，1965 年にチッソ株式会社へと改称している．
6)　水俣工場新聞 1955 年 9 月 5 日付の記事によると，1954 年度の水俣市におけるチッソ関係の税の比重は 45.5% であり，「チッソはドル箱」と記されている（丸山 1985：25-26）．
7)　高度経済成長と水俣病言説の関連については山腰 (2007) に詳しい．
8)　「茂道部落は百二十戸の漁村だが，不思議なことに 6 月初めごろから急に猫が狂い死にし始め（部落ではねこテンカンといっている）百余匹いた猫がほとんど全滅してしまい，反対にネズミが急増．大威張りで部落中を荒らし回り，被害はますます増大する一方，あわてた人々は各方面から猫をもらってきたが，これまた気が狂ったようにキリキリ舞いして死んでしまうので遂に市に泣きついてきたものと判った」という記事である．後に，熊本日日新聞社は「この記事は不思議なあるいは気味が悪い現象だという表

現」（熊本日日新聞社 2008：238）であったと説明する.

なお，地区を代表して水俣市にネズミ駆除を申し込んだ漁師の石本寅重は「第一通報者」とも称されるが，彼は後に魚が売れなくなったために漁師を辞め，チッソに漁業補償の一環として雇用される．その後，夫婦ともに水俣病患者として認定され，2004 年に 83 歳で亡くなっている（高峰 2012：10）.

9) チッソは「厚生省が，〔原因企業を〕名指ししたのはこれがはじめてである」とこれに反発し，7 日後の同月 14 日には「水俣奇病に関する当社の見解」にまとめて反論している（政野 2013：20）.

10) 1968 年 9 月に初めて，それぞれの水俣病について政府は公式に原因者を確定した．この政府の公式認定によって患者らは地域からの抑圧を打破して主張し始めたのである（丸山 1998：3）.

11) 水俣病患者家庭互助会会長の挨拶については，政野（2013：39）で紹介されているものを参照した.

12) 補償額について厚生省の斡旋に従う「一任派」（54 世帯）とそれを拒否する「自主交渉派」（34 世帯）とに意見が割れた．自主交渉派全 34 世帯のうち 28 世帯が訴訟を起こした.

13) 新潟水俣病は 1967 年，四日市ぜんそくは 1967 年，イタイイタイ病は 1968 年に提訴した.

14) 原告団長の挨拶については，政野（2013：41）で紹介されているものを参照した.

15) 水俣病をめぐる地域内部での対立は，伊藤（2007）に詳しい.

16) 患者団体の国際機関，他国の団体への働きかけについては，水俣市立水俣病資料館での販売資料を参照した．なお，販売資料とは水俣芦北公害研究サークル（2016）『水俣病・授業実践のために：学習材・資料編〈2016 年改訂版〉』である.

17) 『西日本新聞』記事については，水俣市立水俣病資料館の資料閲覧室に保管されている水俣病関連記事のスクラップ資料を参照した.

18) 熊本日日新聞記事については，水俣市立水俣病資料館の資料閲覧室に保管されている水俣病関連記事のスクラップ資料を参照した.

19) 他にも，1989 年 9 月には日本において「地球環境保全に関する東京会議」が開催され，1990 年には環境庁に地球環境部が設置されている.

20) 『市勢要覧』については，色川（1996）において紹介されているものを引用した.

21) 公害の存在を棚上げしてチッソを持ち上げる言説は現代にも存在する．水俣市に隣接する大口市に，チッソ創業者の遺構として曾木発電所遺構がある．大口市地域振興課のコメントとして「曾木発電所（チッソ創業者の遺構）があったから水俣病が発生したというわけではない．近代化学工業の発祥の地として，曾木の滝とセットで観光の目玉にしたい」と紹介されている．加えて，大口市においてはチッソ創業者野口遵の生涯を小説として出版する委託事業の準備も進められている（高峰 2013：7）．つまり，水俣病という公害を発生させてもなお，現地の人々にとってチッソは「近代化学工業」の象徴たり得ることが読み取れる.

22) 患者が何か表出しようとすると地域社会から抑圧される構造にあったと，丸山は指摘する．「最大の抑圧構造は，チッソが責任を追及されると，自分たちの暮らしも不安定になって来るから，事の是非はともかくチッソを追求するような行動に対しては断固対抗するという，非常に強固な市民意識でした」（丸山 1998：3）．

23) 水俣病の全国的報道における表象に関しては，山口（2007）に詳しい．

24) もっとも，チッソと水俣市の不可分の関係性を訴えたのは水俣市行政だけではない．チッソ株式会社総務部（1971）は『水俣病問題について：その経過と会社の考え方』において，以下のように述べている．「水俣工場は，水俣の町とともに半世紀を歩んできました．そこには深く強いきずながあります．水俣工場はかつての姿を変えても，チッソ・グループは水俣に根をおろしています．そして水俣工場も関連会社も，チッソ・グループが一体になって，水俣という地域社会に，いつまでも役立つ存在でありたいと念じています．会社はその努力をおしみません」．この文章から，チッソ自身が水俣市地域社会に対する貢献者であることを発信していることが分かる．なお，この文章は仲村（1975：367）に引用されているものを参照した．

25) この背景として，この時期に水俣市内で貧困者が増加していたことが指摘されている．生活保護世帯数が一貫して増えていた．例えば，1953 年には 4 世帯であったが，1956 年には 19 世帯，1959 年には 144 世帯，1960 年には 449 世帯，1962 年には 646 世帯，1963 年には 781 世帯，1964 年には 809 世帯，1965 年には 997 世帯にのぼる．その後，若干の減少が見られるが，1970 年の 779 世帯に見られるとおり，依然として生活保護世帯数は非常に多かったのである．仲村に拠れば，1972 年の保護率 74.90（人口 1000 人あたり）は，全国の保護率の 5 倍以上である（仲村 1975：371-372）．

26) 水俣市教育研究所（1981）『郷土みなまた』においては，「水俣病」という用語が本文中に一度，用いられている．しかしながら，その一文は「昭和二十四年に市制をしき大きく発展した水俣も，その後，チッソの合理化・水俣病の発生等の影響を受け市勢の停滞が見られるようになった」（水俣市教育研究所 1981：38）であり，依然として水俣病は主要トピックとして用いられていない．

27) 水俣病の教材化は水俣市外においてはより早い時期に検討されている．教育書の出版を手掛ける明治図書から，山田・藤岡・福島（1973）『公害と教育研究資料 2：水俣病の教材化と資料』が出版され，公害教育の題材に水俣病を取り上げている．本書における水俣病は，あくまで公害問題として説明されており，環境という文言はほとんど出てこない．同じことは，熊本県高等学校社会科研究会（1974）『熊本県の歴史散歩』，熊本県小学校教育研究会社会科部会編（1982）『熊本の歴史ものがたり』においても確認できる．これらにおいて，水俣病は公害病として説明されている．

28) 2004 年以前の編集者は水俣市教育委員会ならびに水俣市教育研究所となっており，2005 年以降の編集者は水俣市教育委員会となっている．本文では表記を水俣市教育委員会に統一した．

29) 1982 年から 2004 年の間に出版されたものは『研究紀要みなまた』，2005 年以降に出版されたものは『みなまたの教育』に誌名が変更されている．本稿では表記を『研究紀

要』に統一した.

30)　なお, 水俣の環境教育旅行の受け入れ状況についてまとめられたものに深見 (2014) がある. 観光入込客数の推移や環境教育に携わる団体について整理されており, 水俣のエコツーリズムにおける環境教育旅行の近年の状況と課題についてまとめられている.

31)　水俣市議会における水俣病に関連する議事録については, 水俣市立水俣病資料館にまとまって保管されている写しを参照した.

32)　水俣病経験を広島の被爆経験と重ねて捉えたのは, 川本輝夫の発言に限定されたものではない. 発言のおよそ半年後 11 月 7, 8 日に熊本市内で行われた, 有識者による水俣国際フォーラムの総括において, 環境問題に関心を寄せてきた経済学者の宮本憲一はこう語る.「ノーモア・ヒロシマと並びましてノーモア・ミナマタこそ人類が胸にきざみこむべき 21 世紀へ向けての日本の教訓だと思います (都留 1989：186)」.

33)　川本輝夫の活動については, 水俣市立水俣病資料館の販売資料を参照した. なお, 販売資料とは, 水俣市立水俣病資料館においてパネル展示していたものを冊子体に編集したものである. 表紙には「川本輝夫：水俣病の不条理に挑んだ男」とある.

34)　水俣市福祉環境部環境対策課環境企画室 (2004) のパンフレットに紹介されているものを参照した.

35)　環境創造みなまた実行委員会熊本県・水俣市 (1993)『環境・創造・みなまた '92 報告書』4 ページに紹介されているものを参照した.

36)　水俣市立水俣病資料館ホームページ
(http://www.minamata195651.jp/guide.html　2024 年 10 月 27 日最終閲覧) を参照した.

37)　水俣病資料館の管轄は水俣市役所福祉環境部であり, 産業建設部経済観光課ではないが, 環境学習において水俣への誘致を担当する水俣教育旅行誘致促進協議会は観光課に設置されている.

38)　水俣病犠牲者慰霊式の市長式辞については, 当時水俣市長であった吉井正澄本人によって詳細に解説されている (吉井 2004). 式辞は吉井 (2004：90-93) にかけて掲載されているものを参照した.

39)　患者団体が欠席するのが常であった水俣病犠牲者慰霊式について,「吉井さんは患者らの不信と反発を解くために, それまでの行政の非を率直に認めることを決意. 行政の法的責任を問う声への波及を恐れる環境庁や県と対話を重ねて案文を練り上げ, 患者団体に参加を要請した (高峰 2013：89)」という.「水俣病を中心に据えた都市づくり (丸山 1998：4)」の基盤となる住民意識に働きかけるものであったと位置づけられるだろう.

40)　なお, 命名は日本政府の提案である (政野 2013：226).

（© 一般社団法人日本観光研究学会　2018 年）

第4章
むつ市とイタコと原子力
——「日本の中心地から離れた場所」における「後進性」と「先進性」——

はじめに

　現在，むつ市にはむつ科学技術館がある．そこでは，科学に関する情報や模型が展示されている．この科学技術館は1996年に開設されたものであり，本館はある特定の船舶をかたどった施設となっている．その船舶とは1995年に活動を終了した原子力船「むつ」であり，かつ，1996年に活動を開始した海洋調査船「みらい」でもある[1]．原子力船「むつ」と海洋調査船「みらい」は共に母港をむつ市内に置く船舶である．一般的に危険を伴う原子力事業だが，実際に原子力船「むつ」は1974年に放射線漏れの事故を発生させている．こうした船舶をむつ市内に留め置くこの事業は，原子力船母港事業として1967年にまで遡ることができる．当時のむつ市において，原子力船はどのような役割を期待されたものだったのか．

　1950年代後半から70年代にかけて日本社会が高度経済成長を遂げる中，重厚長大産業を中心とした高度経済成長を支える産業施設を持つ地域には雇用が生まれ，人口が増大し，経済規模は拡大した．その一方で，そうした経済成長を直接的に貢献するような産業施設を持たない地域もあった．経済成長が主題であった当時の日本社会において，高度経済成長への貢献が困難であった地方自治体は，自治体の指針として何を見出してきたのか．

　本章は，経済成長の方策の模索を繰り返した自治体の事例として，むつ市を取り上げる．むつ市は，観光開発に継続的に取り組むことが妥当な状況でさえ

継続させることはなく，原子力関連事業を取りやめる契機があってもなお継続して取り組むことを選んだ．双方が同時期に経済的手段と成り得る中で，継続させないものと継続させるものが生じた理由は何だったのか．

　地方自治体の政策とはどのように形成されるのか．経済成長が顕著であった当時の日本社会において，その代表的存在とはならなかった数多くの地方自治体はどのような試行錯誤を行ってきたのか．それら自治体の一つであったむつ市を事例として検討することで，地方自治体の政策について考察していきたい．

　むつ市は，本州最北端の青森県下北半島に位置する．むつ市には日本三大霊場に数えられる恐山がある．1950 年代後半から恐山で活動するイタコと呼ばれる在野の巫女がマスメディアの注目を集めた結果，1960 年頃から恐山を訪れる観光客は急激に増加した．こうした状況下で，むつ市も恐山を語る際にイタコを用いるようになった．

　イタコは 1970 年代にもマスメディアからの関心を集め続け，「恐山のイタコ」として広く知られるようになっていた．例えば，1982 年の朝日新聞の青森県観光を紹介する記事において，「全国的に有名になった恐山大祭」（『朝日新聞』1982 年 7 月 28 日朝刊 19 頁）と紹介されていることからも，この時すでに恐山は一般的な認知を得ていたことが読み取れる[2]．

　一方で，むつ市は恐山を語る際に 1975 年にイタコに言及したのを最後とし，1977 年からは紅葉を用いて恐山を説明するようになった．世の中のイタコに向ける関心が依然として高い中でむつ市が敢えてイタコへの言及を取りやめていったのはなぜだったのか．

　本章は，観光客の増加に貢献していた観光資源，恐山イタコに対するむつ市の取り組みの変化を，むつ市内で繰り返し強調されてきた心性に基づいて解釈しようと試みるものである．その際の比較考察対象として，原子力船母港に対するむつ市の取り組みを検討する．市刊行物や教育関係の資料，また当時盛んに活動を始めた郷土史家たちによる発表資料を読み解きながら，当時のむつ市において目指されていたものが何だったのかを明らかにしていきたい．

第1節　地域像と問題点

1　「日本の中心地から離れた場所」としての下北半島

　1960年代のむつ市はどのような状況にあったのだろうか．ここで，下北と呼ばれるむつ市を抱える地域がどのような状況であったのかをヒントとしてむつ市の状況を推察したい．当時の下北地域において，下北地域がどのように捉えられていたのかを理解する手掛かりとして，小学校の教諭向けの資料が参考になる．下北社会科教育研究会編集による『下北の郷土資料』は，下北の社会科担当教員によって分担執筆された，小学校の中学年での郷土学習の教師用資料として想定されたものである（申賀 1967：まえがき）．

　同書の序文において，下北教育事務所長であった柿崎素弘は，下北の人々にこう問いかける．

> 「わが郷土を，本州北端，中央文化から隔てられたさい果ての地・後進の地域とのみ思い，ひけ目を感じ，閉鎖性意識におちいつている人がいないであろうか」（柿崎 1967：序）．

　ここから，当時のむつ市を含む下北地域には，自分たちの地域に対する否定的感覚を持つ人々が相当数いたと読み取れる．その際に，否定性の根拠となるのが，下北地域を最果ての地・後進の地であるとする理解であった．

　続いて，同書の冒頭に「下北の地域性」という一節が掲載されている．

> 「私たちの郷土『下北』は，本州の北端（北緯41度中心・最北端大間弁天崎41度31分）に位置し，斧状の半島で，南は上北郡と接するが，東に太平洋，北は津軽海峡をはさんで北海道と対峙し，西は津軽半島とともに平舘海峡を形成し，南は陸奥湾をかかえているため四面海に囲まれ海岸線はかなり長い．（中略）このように位置が北に偏つていること，中央から離れていること，陸続きがほんの一部であることから交通条件も悪かつたし，開発や文

化にも遅れ，経済的にも恵まれなかつたことから，『本州の袋小路』とか『孤島的へき地』等といわれてきた」（工藤 1967：1）．

　神崎と工藤に共通するのは，「下北は地理的理由で発展に不利であるから，社会経済的発展に立ち遅れている」という論理である[3]．この「立ち遅れている」感覚が，当時の下北地域，すなわちむつ市において鋭敏であったことが読み取れる．

　そして工藤はこう締めくくる．

「新しい世代に向つて，辺地性を打破し，経済的な面を確立し，交通の便を図り，観光・教育面の開拓を進めることが，これからの下北の急務だと思う」（工藤 1967：3-4）．

　つまり，近代的発展が目指されるべき方向性として提示されている．社会的経済的発展に立ち遅れている感覚を前提にするならば，この近代的発展は当時の下北の人々にとって何かしら肯定的な意味を持っていたと推定できる．

　以上から，1960 年代当時の下北地域における下北地域に対する理解は，こうであろう．社会経済的発展に立ち遅れているという否定的理解を持つと同時に，近代的発展を目指すべき方向性に位置づけていた．すなわち，近代的発展への達成を目指しながらも，現状は立ち遅れているとする感覚を持っていた，というのが当時の下北地域，つまりむつ市における地域理解であった．

2　「後進性」への着目

　だからこそ，下北地域には開発の必要性が認識されていた．下北地域の発展，開発に関して，当時の段階で何が議論されていたかを記録したものに，『東奥日報』がある．『東奥日報』は，青森県内で講読されている地方紙である．1958 年 4 月 26 日の社説「下北開発と基礎調査（上）」にはこう記されている．

「こんにち産業，文化，その他あらゆる面において特殊なものをのぞいては青森県は決して日本の平均水準にあるとはいわれまい．その青森県で最

もおくれているのは下北である．これはこの地域の人達にとつて極めて不幸なことなのであるが，逆にこの地域には最も将来性があるということも出来るわけである．その将来性を開き，住民の不幸を幸に転ずるカギこそ開発であることはいうまでもない」（『東奥日報』1958 年 4 月 26 日）．

つまり，下北を開発することが下北住民の幸福に寄与する，とされている．であるならば，その開発は何を基軸とする必要があるとされていたのだろうか．

1958 年 12 月 22 日の社説を見てみよう．社説タイトルは「下北の発展に必要なこと（上）」である．冒頭はこう始まる．

「へき地学校の多いことでは，青森県は日本でも指折りの方である．青森県そのものが日本のへき地だということである．そのへき地青森県の内でも下北は青森県の北海道といわれるほどの輪をかけたへき地である．しかしこの言い表し方はもはや適当でなくなった．北海道はへき遠の地であっても，東北よりは進んだ地域となったからである．日本で一番遅れているのは東北地方である」（『東奥日報』1958 年 12 月 22 日）．

そして本社説は，下北に資源は豊富にあるという点で発展に必要となる自然条件は満たしているものの，人為的条件を満たしてこなかったと論じる．[4] その理由として，こう続ける．

「これまでの県政には，真に県百年の大計を樹立すべき基礎的な資料の収集もされず，これに基く企画も根本的に行われず，その日暮らしの彌縫策に終始したのであつて，今日の言葉でいうと，いわゆる県政に科学性が欠けていたのである．敗戦を契機として，われわれはあらゆる部面に頭を切替えて，祖国復興に専念するためには真に科学を重んじ，県政を根本から建直さなければならぬと信ずる」（『東奥日報』1958 年 12 月 22 日）．

すなわち，青森県内において，当時の下北開発つまり下北の発展に必要なの

は科学性であると議論されていた.

　ただし実際には，下北の開発が急速に展開することはなく，下北は開発の面で「置去りにされた」[5]という感覚を持ちながらも「地元は慣れっこ」[6]であったと報じられている.

　そうした中で，下北開発の目玉策として資源開発への取り組みが行われた. 1960 年 9 月 26 日の社説「下北半島の夢と現実」には下北開発へ寄せる期待が記録されている.

> 「下北半島は本県の宝庫といわれ，その開発計画が進められている. 県がこの春まとめた『下北地域総合開発計画書』では，昭和四十二年度までに百数十億円を投じ，最終年度の生産所得を基準年次 (三十二年度) に比べ，第一次産業で一・六倍，第二次五倍，第三次二・四倍にし，一人あたりの所得でも県平均を一六％上回る二・二倍にすることになっている. これが計画通り実施されると，未開発地下北も本県のホープとなる」

下北開発がいかに注力されたものであったかを窺い知ることができる.

　本社説はこうも指摘する.

> 「下北開発の核心をなすものは地元資源を利用した工業誘致であろう. このためには工業立地条件の整備には格別の配慮をしなければならず，計画でも整備に二十一億円，これと同じ意義を持つ交通施設に四十四億円を投ずることになっている」(『東奥日報』1960 年 9 月 26 日).

　ここから下北開発を成功させるために必要な整備に取りかかる計画が作成されていることが分かる.

　1963 年 2 月 3 日の『東奥日報』の社説のタイトルには，「緒につく下北開発」とある.

> 「東北開発会社が発足当時から五大基幹事業のトップとして重視してきた下北砂鉄開発事業は，いよいよ正式申請と大蔵省にたいする説明などいっ

さいの事務手続きを終わり，今週中には正式認可が見込まれている．開発
の遅れている本県にとって，また青森県のチベットなどとさえいわれてき
た下北地方にとって，第二次産業開発の巨歩が踏み出されることは，とに
かく喜びにたえない」(『東奥日報』1963年2月3日).

　下北に砂鉄開発事業がやって来ることが，下北地域にとっての光栄であった
様子を，本社説から窺い知ることができる．

　そして1963年，いよいよ下北開発の核となる砂鉄事業を担うむつ製鉄株式
会社(以下，むつ製鉄)が設立された．『東奥日報』1964年5月30日の社説「最
終段階を迎えたむつ製鉄」では，「下北開発の拠点としてのむつ製鉄」と繰り返
し叫ばれていたことが紹介され，「いまは下北地方の一つの悲願となっている
ことは紛れもない事実である」と解説している．

　しかし，このむつ製鉄事業に暗雲がたちこみ始める．むつ製鉄事業が実施さ
れないまま棚上げされてしまったのである．1965年3月27日の『東奥日報』
「むつ鉄の早期実施を」には，社会党の川俣健二郎東北開発委員長が佐藤栄作
首相(当時)に提出した申し入れ書の概略を掲載している．

　　「一，政府の高度経済成長政策により，都市と農村，先進地域，後進地域
　　とのはなはだしい格差の拡大を生じている．東北開発促進法，東北開発株
　　式会社法，北海道東北開発公庫法の東北開発関係三法は，この東北住民の
　　悲願にこたえるものとして成立したものである」．
　　「この事業に大きな期待をかけている青森県とむつ市は政府の地元協力要
　　請にたいして困難な地方財政にもかかわらず，他の事業計画に先んじて工
　　場敷き地の整備，工場設置に伴う港湾，道路の改修など数億円におよぶ先
　　行投資を行ってこれにこたえている」(『東奥日報』1965年3月27日).

　同日，もう一つむつ製鉄に関連する記事が掲載されている．記事の著者は元
時事通信青森支局長であり，『実業之日本』編集顧問である福田兼治である．
1965年3月27日の『東奥日報』「下北開発とむつ製鉄①」には，むつ製鉄事業

の頓挫についてこう記されている.

> 「たぶんこの結論は，地元の方々から見れば冷酷で無残ではなはだしく不満に思われるだろう．私も，書き終わったあと，少なからず心のこりだった．だがいまさら歯にキヌきせてモノを言ってみてもしかたがない．というのは，ことに現実の問題として，砂鉄利用工業にたいする経済的な裏づけがここへきて全くぐらついてしまったからである．そしてそうなってみると，むつ製鉄の建設ということにそれぞれにいだいていた夢が異なっていただけにアヤフヤなものになってしまった．したがって事態がこうなった以上すべてを一度，白紙へ返し，問題を初めから考え直す以外にない」（『東奥日報』1965年3月27日）．

　こうして，東北が，青森県が，下北地域が，むつ市が，発展への足掛かりとして大きく期待を寄せたむつ製鉄事業は断念されるに至った．1965年にむつ製鉄の解散が決定した.

3　問題点としての後進性

　以上，資料より，むつ市を中心都市とする下北半島において，その地域社会において「日本の中心地から離れた場所」であるという地域像があったことが分かった．その下北半島は「後進性」に特徴づけられて議論されていた．

　「日本の中心地から離れた場所」とする地域像を文脈として位置づけるならば，「後進性」には否定的意味合いが生じることが分かる．すなわち，後進性が地域社会における問題点として位置づけられる.

第2節　前近代へのノスタルジーとしてのイタコ観光

　下北半島の中央部に位置する山々は，恐山と呼ばれる．活火山でもあり，地面からは湯気が立ち，硫黄のにおいが立ち込めている．ここ恐山は，この世ならざる空間として，人々の祈りの場となってきた.

1　地元社会における恐山信仰とイタコ

　戦後の恐山研究を牽引してきた宗教学者の楠正弘に拠れば，恐山は現世利益
を祈祷する場であったと言う．楠は恐山の夏祭りを恐山信仰の最も代表的な祭
典として位置づけ（楠1968：95），恐山信仰の構造を分析している．

> 「祭典に参加するのは禅宗の僧侶であるが，これらの僧侶は，坐禅をする
> ために恐山祭典に参加するのではない．彼等の仕事は祈祷であり，恐山の
> 本堂の本尊は地蔵尊である．祈祷の内容は，海上，船中，家内，国家の平
> 安であり，安産や商売，豊作や大漁を願うものである」（楠1966：210）．

　さらに，夏祭りと比べて規模では劣るが，春祭り，秋祭りに関してもその意
味合いを明らかにしている．

> 「……春，秋の祭りが農事と密接に関係していることは明らかである．そ
> して，春，秋の祭りが農耕儀礼としての性格を持っていることも明らかで
> ある．たとえこれらの行事が，昔はやったが今はやらないとか，供物は
> もって帰るが虫よけのために畑に撒くことはしないと考えている人もある
> が何れにしても，かかる農事に呪術的信仰のあることを示すものであろ
> う」（楠1966：215-216）．

と述べている．またこの春，秋の祭りの際の参拝者は，集落の代表として参拝
しており，20名前後の集団で恐山へ上ることが紹介されている．この地縁的
性格の強い春，秋の祭りについて，楠は「農耕儀礼の祭典である」（楠1966：
216）と位置づけている．

　加えて，楠は『略縁起』に触れながら，恐山に関しては「専ら，現世祈祷と
現世御利益について述べている……」（楠1966：212）と紹介しており，恐山が現
世利益の役割を担う場として認識されてきたことが読み取れる．

　しかしその一方で，楠は恐山の持つもう一つの役割にも目を向ける．楠は恐
山を訪れた菅井真澄の旅日記『奥のうらうら』を「死者信仰の事実を感銘深く
記している」（楠1966：212）ものとして紹介する．

「真澄の日記によると，夏祭りの中に，庶民の手でおこなわれる死者の供
養があったことが分る．鉦や鈴をふって『なむあみだぶつ』をとなえるい
わば「念仏」にも似た情景が，ここでくりひろげられていたことが理解で
きる」(楠 1966：212).

　この死者供養の情景は菅井真澄が恐山を旅した時だけでなく，その後にも変
わらず残されてきたことが他の資料からも窺える．例えば，幸田露伴が明治
20 年代に恐山の夏祭りに参拝したことが幸田の著作に記されているが，そこ
でも「全く死者信仰を中心とする庶民的な信仰を画いている」(楠 1968：108) も
のとして紹介されており，明治時代の恐山の様子を知ることができる.[8]

　そこからさらに年月を経た 1960 年代の夏祭りも，その情景はほとんど変わ
らないものであると楠は指摘している (楠 1968：107).　つまり，恐山は死者に
伴う儀礼を行う場所として信仰されていたのである.

　以上から，楠は一つの結論を導き出す．恐山信仰には少なくとも二つの信仰
が結びついている．それは，現世利益と死者信仰である (楠 1966：212-213).　つ
まり，恐山は農業や漁業といった「人間の生業によりよい結果を招来すること
を祈る」(楠 1966：210) 場所であり，かつ，死者を思い「何のはばかりもなく泣
かせてくれる場所」(楠 1966：212) なのである.

　恐山の存在意義が，こうした信仰に基づいているとするならば，次に検討す
べきは，その信仰集団は何かという問いである．楠によれば，恐山の信仰集団
は，氏子[9]でも檀家[10]でもなければ，山岳信仰の集団でもない．あるいは恐山周辺
の神社との関係性も観察されない．そこで楠は，当時の祭典に参加する人々に
対する調査を通して，恐山の信仰集団を明らかにしている.

　先述の通り，現世利益の祈祷を目的として恐山を訪れる場合，その参拝単位
は集落である．要するに，地縁的性格の強い集団となる．その一方で，死者供
養を目的として恐山を訪れる場合，その参拝単位は必ずしも集落ではない．そ
の単位は，個人，あるいは血縁的集団である．つまり，恐山への参拝とひと口
に言っても，生業によりよい結果の招来を祈る際には集落単位で訪れるし，そ

の一方で，何のはばかりもなく泣くためには個人単位で訪れていることに[11][12]なる．

　しかし，こうした恐山の信仰状況も，次第に変化が観察されるようになる．楠は後にこう述べている．

　　「恐山信仰は，昭和二〇年代まで，比較的純粋な信仰の部類に属していたが，昭和三〇年頃より，マスコミの影響を受けて，次第に祭りの形態がくずれはじめた．というのは，地元以外の観光客の数が急激に多くなり，観光客が，所謂信仰者の数を凌駕し始めたからである」（楠 1984：138）．

2　恐山イタコの観光化

(1) マスメディアによる報道：1960 年代

　マスコミに取り沙汰されることによって祭の形態が崩れ，そして観光客が増えるとは一体どういうことなのか．「マスコミは恐山信仰を，現代に見る古代信仰，原始信仰，未開信仰と主張したり，恐山を死者の山と考えたり，地蔵堂をイタコ寺と伝えたりしてきた」（楠 1984：23）という．

　恐山の表象の変容を明らかにした論者として，現代の恐山研究を担う大道晴香がいる．大道（2013b）によれば，1950 年代の関連記事について，あくまでも「『恐山』がメインの記事であったが，『恐山』を通して『イタコ』に注目が集まった結果，六〇年代には既に『イタコ』ブームと言うべき状況が生じている」（大道 2013b:109）と指摘している．大道は，恐山において活動するイタコを補助線として，恐山の表象の変遷を辿る．

　イタコが活字メディアに登場したのは 1953 年 11 月号の雑誌『旅』に掲載された「恐山の神秘」が初出だったと大道は紹介する（大道 2013b:109）．1950 年代の記事の背景に共通していたのが，「戦後復興から経済成長期に生じた『日本再発見』の動き」（大道 2013b:109）であったとして，「『古き日本』として恐山が取り上げられるようになった結果，『イタコ』は『恐山』を構成する一要素として活字メディアに登場することとなった」（大道 2013b:109）としている．1950 年代においてイタコに関連する記事は合計 7 件確認されているが，それが 1960

年代になると 52 件へと急激に増加しているという.

その後 1960 年初頭の記事において，書き手のスタンスは，イタコを「他者」として眺めている構造があったと大道は分析する（大道 2013b:110）. 例えば，雑誌『旅』において掲載された記事のタイトルは「巫女の集う恐山の妖気」であり，その内容は「霊媒的職業の成立すると言う恐山中心の風土には，僕は少なからず興味を持っていた. それは自分の理解しがたい不気味な異質の世界に対する僕の好奇心であった. どのような異様な背景の中で，職業的巫女たちが，その奇怪なひとり合点的な囁きを交わし合っているのか，その風土を確かめてみたかったのである」（『旅』1960 年 4 月号：144）[13]というふうである. このようにイタコは「他者」として，書き手と読み手による「我々」とは異なったものとして捉えられていた.

この点について，大道はこのように考察する.「『我々』という存在は基本的に合理的思考を有した『現代社会』の住人として想定されており，『我々』の価値基準をもって判断されることで，『他者』の習俗である『イタコ』は『異様』『怪奇』等のレッテルを与えられ，否定的に評されることが多かった」（大道 2013b:110）. さらには，「活字メディアへの登場が一九五〇年代のことであったとはいえ，六〇年代初頭の段階において『イタコ』は，地域社会以外の人々にとって，いまだ謎に包まれた未知なる存在だった」のであり，それゆえに，「『イタコ』に対する解釈の枠組みは，言うまでもなく未確立の状態にあった」（大道 2013b:111）のである.

しかしこうしたイタコに対する解釈の枠組みは，次第に変容していく. それまでは他者として否定的に眺められていたが，他者として肯定的に眺められるようになっていくのである. 雑誌『旅』には，「悠久な民族の精神史を流れているもの」は，「我我にとって少なくとも一つの示唆である筈だ　場合によっては『恐山のイタコ』に就いて考えることで歴史が意味と厚みを増し，またわれわれ自身の存在を確かめることにならぬとも限らない」（『旅』1962 年 8 月：112）[14]と記されている.

こうした風潮について大道は，「文化的価値が見出された」としつつも，我々

と他者という構造は継続していたと考察する.

　では，イタコが注目されることで祭りの形態が崩れるとは，一体どういうことなのか．イタコと呼ばれる在野の巫女は，恐山の夏の大祭の時に，恐山の境内に集まり，死者の口寄せを行っている[15]．こうしたイタコの口寄せは，毎年7月20日から24日にかけて単発的に行われるものだが，マスメディアはこのイタコの口寄せに関心を寄せていた．「近ごろきまってジャーナリズムの脚光をあびるものに恐山のミコイチがある」（堀一郎「あの世とこの世」『読売新聞』1963年7月28日朝刊）[16]と評されるほどに，恐山で夏の大祭におけるイタコの口寄せはメディアに登場するようになっていた.

　大道（2013a）は，青森県の二大地方紙である『東奥日報』と『デーリー東北』から，恐山の夏の大祭の変容を通時的に読み解いている．『デーリー東北』については1964年まで恐山大祭関連の記事は見当たらないとしているが，それに対して『東奥日報』においては1950年代全般に恐山大祭に関する記事は存在している．ただ，1959年の記事から，イタコの口寄せを観察するオーディエンスの存在が記事に書き込まれるようになった．オーディエンスとは，当初は報道陣による報道合戦の様子が記事となり，後には石原慎太郎や大江健三郎，岡本太郎といった文化人の来訪が記事になった．要するに，メディア関係の人々がこぞってイタコの口寄せを観察しに来ていたのである．それが後には，メディア関係者のみならず，「東京から来たという観光客や学生（大道2013a:47）」という見物人でごった返していたと言う．そうした状況下で，『東奥日報』1964年7月25日には以下のような記事が掲載されている[17]．「ありがためいわくなのは死んだ縁者と対面に来た人々．感きわまってしゃくりあげると，すかさずカメラのシャッター音が起こる．おちおち口寄せも聞けないありさま．イタコもつい，長いくどきをはしょって営業用の語り口になってしまう」．この通り，恐山夏の大祭で行われていたイタコの口寄せが地域社会の外部から多大な関心を集めていたのである.

　こうしたイタコに対する関心の高さは次第に恐山の祭りの姿を変えることになる．『東奥日報』1970年7月24日による「霊場恐山の"花形"イタコ」，そし

て『デーリー東北』1974 年 7 月 29 日による「いまではイタコ抜きの恐山例大
祭は考えられないというほどのモテよう」と記述されるまでになった。[18]

　イタコの存在感の高まりについて大道は,「従来『イタコの口寄せ』は, 恐山
の大祭を構成する死者儀礼の一つに過ぎなかった. しかし, 『恐山のイタコ／
恐山＝イタコ』というイメージが口寄せ依頼者の数を大幅に増やした結果, 一
構成要素であったはずの『イタコの口寄せ』は, 当地を代表する信仰の地位ま
で上り詰め」(大道 2013a：51) たとしている.

(2) 来訪者の増加：1970 年代

　こうしたイタコへの関心の高まりは, 報道陣や文化人だけでなく, 広く観光
客の来訪をもたらした. 大道の整理に拠れば, 青森県企画部 (総務部) 統計課編
『青森県統計年鑑』に掲載された「県内主要観光地観光客数の推移」に基づけ
ば, 恐山県立公園の来訪者数の推移は以下のとおりである. 1957 年に年間 4
万人, 1958 年に 3 万 7000 人, 1959 年に 3 万 6000 人, 1960 年に 11 万 8000
人, 1964 年に 20 万人である (大道 2013a：42). 1960 年から来訪者数が急激に
増加していることが分かる.

　大道は, この恐山来訪者数の増加をイタコへの関心の高まりの結果だと分析
している. 大道は, 1959 年 7 月 25 日の『東奥日報』において,「とくにことし
は巫女 (イタコ) をめぐる報道合戦が展開された」ことを引き, このタイミング
に着目している. 報道合戦が行われた年の翌年に, 恐山県立公園の来訪者が前
年のおよそ 3 倍と飛躍的に伸びていることを示した.

　大道はこの報道と観光客数の関係を以下のように考察している. すなわち
1959 年の報道合戦は,「1960 年 (昭和 35 年) に端を発する表象受容者参入の"前
夜", 換言すれば, 彼らの参入を誘引した"原因"を示すものとして捉えられよ
う」(大道 2013a：46).

(3) 中央の文化人による視察とイタコの題材化

　このようにイタコが注目を集めるにつれ, 文化人がイタコを題材に取り上げ

るようになっていく．作家の石原慎太郎，芥川賞やノーベル文学賞の受賞者である大江健三郎，児童文学作家として名高い戸川幸夫，芸術家の岡本太郎，そして映画監督の羽仁進といった著名な文化人らが恐山を訪れては，イタコを作品の題材とした（大道 2017：233）．

　イタコを題材とした作品の中でも，注目を集めることに成功した点で代表的な作品となったものとして，水上勉の『飢餓海峡』が挙げられる[19]．

　『飢餓海峡』は，もともとは 1962 年 1 月から同年 12 月まで『週刊朝日』に連載された小説である．連載終了後の 1963 年に，その後の展開を書き足したものが朝日新聞社から刊行された．その後，映画化されるに至り，1965 年度の日本映画記者会の映画賞を受賞する．監督賞，主演女優賞，主演男優賞，助演男優賞を映画『飢餓海峡』が独占しており，いかに注目を集めた作品であったかを窺い知ることができる．小説それ自体もロングセラーとなり，多作で知られる水上勉の代表作と評されることになる作品である（水上 2005b：373-375）．

　『飢餓海峡』は，北海道で人を殺めた男が逃亡を図り下北半島にたどり着く場面から，物語が動き出す展開となっている．男が人を殺めた過去をひた隠すなかで，下北半島で出会った女から不意にイタコの話を繰り返し聞くことになる．女は繰り返しイタコの存在を口にする．なお，本文では女の発言におけるイタコは「巫子」と表現され，そこに読み仮名「いたこ」が付記されている．

　母の三周忌で里帰りしていたという女は「母ちゃんの声をききにもどったのよ．爺ちゃんがね，巫子さんをたのんで母ちゃんの声を聞かせてもらったんよ」「そうよ，巫子さんにたのむと母ちゃんの声が出てくるんよ」「恐山にはね，巫子さんがいっぱいくるのよ」「恐山に集まった死んだ人の亡霊をよびもどす女の人よ」とイタコを知らない男に対して，恐山で活動するイタコの存在を知らせる．男は顔を歪ませて動揺を見せるのだが，女は続けて畳みかけていく．「七月の地蔵講がくるとね，恐山の円通寺さんにいっぱい死んだ人の亡霊に会いたい人が集まるのよ．目の見えない女の巫子が数珠をもっててね，死んだ人の言葉を，そのとおりにしゃべってくれるんよ．皆はそれを拝むのよ」．こう述べる女に対して，男は実際に声を聞けたのか尋ねると，女はイタコは迷信だ

と述べ，男がほっとする様子が描かれる．

しかし二度目の再開の折，男と女は再び恐山を話題に挙げる．この六尺近い怒り肩の体躯の男が実際に恐山を目の当たりにして，大きな体をがたがたと震わせる様が描写される．

やがて，この女もまた誰かに殺められるのだが，犯人探しの物証を探し求める刑事に対して，下北半島に住む女の父親がこう語る．「誰に殺されたか，恐山のイタコにきいてもろたらどうだっていいあすがな……イタコにきいても，わがらねえすべよ．あんなものは気やすめだもンな」．しかし山男である父親の，恐山のイタコへすがる思いを聞いたことによって，刑事は事件の真相解明により一層駆り立てられることになる．

本作品において，イタコの存在は登場人物の心境を変化させる重要な役割を果たしている．イタコそのものが登場人物として何か言葉を発するということはなく，イタコの存在のみが繰り返し提示される．しかしその存在は男を動揺させ，刑事の事件解明への思いをより強固なものにさせる．すなわち，イタコが強い存在感を放つものとして描かれていることが分かる．

また，イタコの存在は下北半島に居住する登場人物の口から語られることから，下北地域とイタコが関連付けられる形で提示されていることが読み取れる．

以上のように，当時の文化人にとって格好の題材となったイタコは，下北半島が描かれる際に非常に重要な役割を期待されてきたことが分かる．

3　地域社会における恐山イタコ観光への見解：後進性への着目

こうしたイタコへの関心の高まりと，それに合わせる形での観光化に反発する組織があった．小学校，中学校の現役教員を中心とした，地域教育に従事する5名を設立会員として組織された郷土史研究会，組織名は下北史談会である[20]．

下北史談会は1964年に設立され，原則的に年に一度の機関誌を発行してきた．1972年に組織名を「下北の歴史と文化を語る会」と変更しているが，本書

の本文中において本会の表記は基本的には「下北史談会」に統一し，引用表記においては適宜「下北史談会」と「下北の歴史と文化を語る会」を併用する．下北史談会は設立当初の会員の死去による退会と新入会員の入会を繰り返しながら 2014 年の第 50 号をもって機関誌は終刊，これをもって組織も解散の方針をとることが確認されている（下北の歴史と文化を語る会 2014：207）．

　なお，本会は郷土史研究会ではあるものの，会員は専門家としての「郷土史研究家ではない．たゞ郷土を愛する気持ちを少しばかり持ち合わせた同好の志の集まりに過ぎない」（下北史談会 1965b：37）．つまり，本会は地域教育への従事者によって設立された，郷土愛好家団体という性格を持つ．

　設立後，徐々に会員数を増やしていった下北史談会であるが，機関誌に掲載[21]された会員名簿の住所欄から，本会員はむつ市に居住する人々が大半を占めていたことが確認できる（下北史談会 1965a：38；1965b：38；1966：36；1967：67；1968：64；1969：32；1970：46；1971：48；下北の歴史と文化を語る会 1972：77；1973：64-65；1974：66-67；1975：69；2005：138；2006：260；2007：117；2008：158；2009：231；2010：210；2011：181；2012：140；2013：115；2014：206）．また，執筆者紹介欄に掲載されている経歴からも，むつ市の地域色が極めて強い研究会であることが確認できる（下北の歴史と文化を語る会 2005：136-137；2006：257-259；2007：113-115；2008：154-156；2009：227-229；2010：207-209；2011：178-180；2012：136-139；2013：112-114；2014：202-205）．このように，強い地域色を持つ本会の機関誌『うそり』であるが，執筆者は原則的に会員であり，会員による寄稿を掲載するものとなっている．すなわち，機関誌『うそり』の編集・発行主体である下北史談会は，地域としてのむつ市と強く結びついているのである．

　では，むつ市地域の特色の強い郷土史研究会によって刊行される機関誌『うそり』は，どのような人々を読者層として想定していたのか．

　まず『うそり』は非売品であり，会員への配布と，希望者には実費を徴収した上で配布する形をとっている．本誌の個人に対する寄贈は行われておらず，特定の機関にのみ寄贈を行っており，国立国会図書館，青森県立図書館，むつ市立図書館，考古学ジャーナル編集部，名著出版編集部，新人物往来社歴史研

究編集部となっている（下北の歴史と文化を語る会1978：77）．寄贈先の一つとして，むつ市立図書館が挙げられていることから，下北史談会が本誌の読者層にむつ市居住者を想定していると推察できる．

以上より，単純化して下北史談会の機関誌『うそり』の特徴を整理するならば，『うそり』はむつ市に居住する教育従事者による，むつ市に居住する人々に向けた，郷土史研究の発表の場である，と理解できる．

なお，本書においては，むつ市立図書館に保管されている『うそり』を参照した．

(1) 下北への「正しい理解」の必要性

さて，下北史談会の機関誌『うそり』[22]の第1号の編集後記には会設立の目的として「下北の歴史を正しくとらえ」ることを挙げている（下北史談会1965a：38）．この「下北を正しく理解する」という目的は，設立当初に色濃く，また解散時にも再度強調されたものであり，本組織の特徴として理解できよう．では，下北史談会の主張する「正しく理解する」とは，具体的に何を指しているのか．

第2号の巻頭言には「我々は早急に郷土の先人が数百年（あるいは数千年）かかつて築きあげたこれ等の貴重な遺産を一堂に会して保存するよう呼びかけたい．懐古趣味からではなく，そうすることによつて我々は郷土や先人の営みを正しく認識する窓口が開け，更に現在の時点から深く下北を見つめ，郷土の問題点をえぐり出し，未来像へと関連していくものだからである」とある．そして巻頭言は「我々は，下北に郷土資料館（博物館）を設立することを強く要望する」と締めくくられる（下北史談会1965b）．

ここから，下北史談会が「正しく理解する」とするための方法として，郷土資料館（博物館）を設立することを掲げている．すなわち，郷土資料館（博物館）を通して下北地域に接することが，下北地域を正しく理解することになると下北史談会は主張している．

では，この「正しい理解」の前提となる下北地域に対する「正しくない理解」

には何が想定されていたのだろうか．続いて刊行された第3号の巻頭言には以下の苦言が呈されている．「近時ますます観光下北がマスコミにとりあげられてきた今日，それに伴って観光事業も俗化の一途を辿ることは必要悪と思われる．観光下北を宣伝することはよいとして，一体当事者（市町村当局者も含めて）は下北半島のナニを観光資源と考えておるのであろうか」「観光下北に博物館一つない現状を為政者，業者は正しい姿と解しておるのであろうか」とある（下北史談会 1966）．

　下北史談会が正しい理解の必要性を主張する前提として，マスコミの影響により発展した観光下北は俗化した状況であると説明する．すなわち，地域社会の外側から付与された下北地域像は「正しくない理解」なのである．

　第3号巻頭言はこう続けられる．「下北半島の正しい歴史を解し，下北半島の文化財の保護および活用することこそ観光下北の将来の道でなければなるまい」．そして，「我々は声を大きくして叫びたい．観光下北にとって必要なものは，下北半島の自然美と我々の祖先が残した偉大なる文化遺産を開発し観光資源にせよと…………．下北半島の歴史は万を単位とするはるかに古い時代より始まり，その文化遺産を残した人々のためにも，未来の人々のためにも文化財保護条例は設定されなければなるまい」（下北史談会 1966）．

　すなわち，下北史談会が苦言を呈したのは観光の現状であり，これに対する解決策こそが，下北地域を正しい理解に基づいて提示すること，であった．

　つまり，下北史談会の主張はこう整理できよう．マスコミという下北地域の外側社会の影響による観光下北は，「正しくない理解」に則っている．この現状は解決すべき状況であり，解決の手段として郷土資料館，博物館の設立や条例の制定を行わねばならない，というものである．

　ここで注目すべきは，下北史談会の主張にはマスコミの影響によって観光化された下北は正しくないものである，ということを前提に置いた点である．マスコミの影響によって観光化されたものとは，具体的な対象物が明記されていないが，当時の状況から推定して恐山のイタコであった可能性が非常に高い．であるとするならば，下北史談会は恐山で活動するイタコが下北を代表するも

のであるかのような報道のされ方に反発していると理解できよう.

(2) 後進性からの脱却という議論：「劣等意識」に「コンプレックス」

では，下北史談会は郷土資料館や博物館の設立，条例の制定という，下北地域への正しい理解を広めることを通して，何を達成したかったのか.

第2号の巻頭言でこう説明する．郷土資料館設立について「下北も後進性から脱却し，経済・文化を高めようと望むならば，最低限この程度の施設があつて然るべきであろう」（下北史談会 1965b）.

つまり，正しい理解に基づいた下北地域像を提示することは，下北地域が後進性からの脱却を成し遂げるにあたり重要である，と下北史談会は主張している．本会の後進性への関心の強さはその後も繰り返し確認できる.

下北史談会は座談会「下北の歴史を語る夕べ」を 1966 年夏に主催した．機関誌『うそり』第4号には座談会の内容報告を兼ねた論考が掲載されている．その著者は，中学校の教諭として地域社会における教育に携わりながら，下北史談会の副会長として長年にわたり活動の中心的役割を果たし，後に会長として下北の歴史と文化を語る会の解散に尽力することになる，前田哲男である．前田に拠れば，この座談会での報告内容には「共通して，下北半島の歴史を研究していくと，立派な文化の営みがみられ，私たち下北の住民にとつて誇りに足るものであり，決して後進地域としての下北ばかりを見てはならないことを強調していた」という（前田 1967：61）.

そして前田はこう提案する．「劣等意識のみに左右されずに素直な立場から，下北の先人の歩みをふりかえり発展してきた下北の文化，歴史を正しく認識し，その上に立つて私たちは，今日の下北を更に発展させていくように努力すべきでは，ないでしようか」（前田 1967：61）.

すなわち，下北に住まう人々は劣等意識を持っていたという．下北地域を後進地域として捉え，この点において劣等感を持つことが，一般的な共通見解であったようである．むつ市という地域性に強く特徴づけられた下北史談会の中心的存在である前田が，むつ市民を主な読者として想定する機関誌『うそり』

において記した本論考こそが，当時の下北地域に住まう人々が，下北地域をどのように捉えていたかを如実に示していよう．下北地域とは，「文化的営みの歴史に乏しいという点で後進地域であり，人々には劣等意識があった」とされる．

前田と同じく，下北史談会の立ち上げメンバーの一人に鳴海健太郎がいる．鳴海は，下北史談会の世話人として本会の設立に奔走し，1964 年 6 月に開催された第一回会合の開催地として自宅を提供するなどした，本会の中心的人物である（下北の歴史と文化を語る会 1974：57）．鳴海自身も中学校の教諭として地域社会における教育に携わりながら，下北研究を牽引していく人物である．

鳴海は，民俗学の大家である宮本常一著『私の日本地図：下北半島』の書評においてこう指摘する．まず宮本の資料調査が不十分であると批判する．続けて，鳴海はこう呼びかける．風俗や習慣，歴史，言語など，寛政期の下北を描写した資料を検討対象とすることで，「えげつない下北人のコンプレックスを一掃できると思う」（鳴海 1968：61）．

鳴海の指摘は，下北人にコンプレックスがあることを前提としている．鳴海の言葉を借りれば，下北人のコンプレックスは「えげつない」レベルであった．そしてこのコンプレックスは，下北の歴史を見ること無しに拭い去ることはできないという．宮本が下北を調査した時点に限定した下北地域への理解では，下北に住まう人々のコンプレックスは取り除けない，と鳴海は述べている．

鳴海のこの指摘は，先述の前田の指摘と同じ論理構成を取っている．[23] すなわち，下北に住まう人々は，下北地域に対して劣等意識を持っている．しかし実際のところ，我々には歴史がある．歴史への理解が乏しい現状において，劣等意識を拭い去ることはできない．だから歴史を正しく提示する郷土資料館や博物館が必要である，というものである．[24]

以上から，下北史談会の主張はこのように整理できる．下北史談会は，後進地域ゆえの劣等意識を拭い去るために，文化的営みの豊富な歴史の存在を理解しよう，と呼びかけている．その手段として挙げたのが，郷土資料館や博物館

の設立である．もっとも，下北史談会は郷土史研究会であることから，歴史の
重要性を捉えることに重きを置くことへの偏りがあることは否めないであろ
う．であるならば，ここで重要となるのは，後進地域ゆえの劣等意識を拭い去
るための方策としての歴史への理解ではなく，当時の下北地域において，後進
地域ゆえの劣等意識が存在していたことそれ自体である．

　すでに確認してきた通り，この主張の意義を説明する際に，提示されたもの
こそ，観光下北の現状であった．すなわち，下北史談会の主張は，観光下北の
現状を解決するための方策としての意味を持つ．と同時に，観光下北の現状
は，後進地域ゆえの劣等感を拭い去るのに寄与しない，と下北史談会は理解し
ていたことになる．マスコミの影響によって発展した観光下北，つまりイタコ
観光では，後進性からの脱却の助けとならない，とされている．

(3)　前近代的存在として捉えられたイタコ

　このように，下北史談会が是とするのは郷土の歴史性であり，本会はイタコ
観光には批判的であった．ところが一方で，イタコそのものは恐山で活動して
きた歴史を有する存在である．であるならば，下北史談会にとってイタコは是
認するべき対象ともなり得る．下北史談会はイタコをどのように捉えていたの
だろうか[25]．

　機関誌『うそり』において恐山に関する論考が初めて掲載されるのは 1974
年に刊行される第 11 号である．論考の著者は大山順道である．当時，大山は
下北半島の南西部に位置する脇野沢村の教育長であり，本会の非会員であっ
た．もっとも，本誌への寄稿者は原則的に会員に限定されているが，下北史談
会の設立十周年を記念し，非会員の論考を掲載したものである（下北の歴史と文
化を語る会 1974：64）．

　大山が寄稿した論考のタイトルは「日本的仏国土恐山」である．ここで，大
山は恐山の前近代性に焦点を当てる．

　まず，恐山に関するもので知名度が高かったイタコであるが，巫女一般の由
来について大山はこう記す．

「古文書によると，巫女はその昔，置かれた地位も素性も大変なもので
あったらしい．日本媛命は雄略帝の皇女であり，有智子内親王は嵯峨帝の
皇女で，ともに巫女として国の大事を口寄せしたことが記せられてる．こ
のことから察するに，神託，神勅なるものは，実はここに起因した時代が
想定される．国是の起因を巫女の口寄せに求め得るとすれば　ある限られ
た時代にせよ　大和民族とシャーマンの関係は不離なものになってくる」
（下北の歴史と文化を語る会 1974：2-3）．

　すなわち，巫女は極めて高い身分の者が務めたことを起源として記し，その
巫女が国策の指針を定めるにあたり非常に重要な役割を担っていたことを紹介
している．このように，巫女は大和民族が前近代より運営してきた体制に貢献
してきた存在であることを示している．
　そしてこう続ける．「恐山祭典に群集する巫女の口寄せに，日本国中の者は
何故大騒ぎするのであろうか」「神託を求め，神勅を奉じ，その媒介者（巫女）
は特定の身分をもった者でなければならなかった．厳かに，ひれ伏して承わる
という敬虔なくしては臨み得ない場なのである．こうした厳粛さや複雑な心理
というものは，すでにわれわれ民族の血の中に底流していたとすれば」，霊場
恐山の開祖である慈覚「大師の仏教は，日本民族という国民性にマッチしたも
のを摂取し，日本的色彩の濃いものであったに違いない．だとすれば，支那風
の厳しい修行も，印度的な知的な臭みも無用である」（下北の歴史と文化を語る会
1974：3）．
　すなわち，恐山信仰の形態は純粋に日本的であり，日本らしさを特徴づける
一つにイタコと呼ばれる巫女が存在する，と大山は提示した．だからこそ，
「私は，この霊場に見出せる特色は，あくまでも大衆的で，通俗的に見えるの
だが，それでいいと思っている」とし，恐山におけるイタコの活動を日本らし
い歴史性，すなわち前近代に位置づけることを通して，是認していることが確
認できる．

第 3 節
地方自治体むつ市における恐山イタコ観光と原子力船母港事業

1 イタコ観光への取り組みにおける非継続性

(1) 観光資源としてのイタコ

　恐山のイタコがマスメディアによる全国的な注目を浴び，そして観光客数の増加にも貢献していた中，恐山を囲む自治体はどのように受け止めていたのだろうか．恐山を擁するのは，むつ市である．

　1963 年に発行を開始した『むつ市政だより』における恐山に関連する記事を通して，当時のむつ市の恐山への理解を確認したい．

　『むつ市政だより』において初めて恐山に関連するものが登場するのは 1964 年 12 月発行の第 3 号である．『むつ市政だより』(1964 年第 3 号) には，その表紙写真に恐山の写真が使われており，その下に「下北観光ブームをまきおこした恐山」との説明書きがある．さらに『むつ市政だより』(1965 年第 6 号) には，恐山行バスの開通を知らせる記事の中に，「日本三大霊山として神秘さ素朴さが最近観光面でも高く評価され年々観光客の数も増えてきている恐山の山開きは去る五月十日関係者が集まつて行われ同時にバス開通式も行われた」とある．さらには『むつ市政だより』(1965 年第 8 号) には，河野新市長の就任挨拶が掲載されている．そこでは，「観光につきましては近年当地方が全国的ににわかに脚光を浴び，その価値は非常に高く評価されておりますので，国定公園の指定を始め，観光開発の推進を図ることが将来市政振興のために必要なことであると考えておる次第であります」と語られている．

　長年にわたり地域信仰と結びついてきた恐山であるが，『むつ市政だより』において，むつ市は恐山へ寄せられた全国的関心を観光の文脈で理解していることが読み取れる．恐山観光を積極的に整備・推進していこうというむつ市の姿勢を窺い知ることができる．

　なお，実際に，『むつ市政だより』(1965 年第 6 号) について上で紹介した通り，

恐山に向かうバスが開通されている．この恐山線は田名部や田名部駅前を出発し，恐山を最終目的地とする路線であり，多い時期で一日に往路復路あわせて12本のバスを運行するスケジュールとなっている．また，市長が就任挨拶で宣言した通り，1967年6月には国定公園指定の候補地となり，その翌年には国定公園となっている（『朝日新聞』1967年7月28日夕刊6頁）．さらには，イタコが恐山で口寄せの商売を行うのは，夏祭りの期間のみであったのだが，1970年頃から[26]「イタコの口寄せの需要が多くなったので」，「むつ市役所の観光課と地元のバス会社とのはからいで」，「せめて観光客の多い土曜日と日曜日の二日間だけでも」ということで，イタコに「仏降ろしの口寄せが依頼された」のであり，「観光の一環として，バス会社の経営するレストハウスで行われることになった」という（高松1993：47）．

　以上から，むつ市は恐山への来訪者の増加を観光の文脈で捉えており，その中心的役割にイタコを据えていることが確認できる．

(2) イタコの活動場所の変更と活動可能人数の縮小

　しかしながら，恐山で活動するイタコに観光色が強まってくると，イタコの活動を制限しようとする議論が起こる．この点については大道（2017：243）に整理されている．

　恐山で活動するイタコらの一部に，利潤追求に主眼を置くものが紛れ込んでいるという事態について，恐山の菩提寺に苦情が寄せられるようになった．従来，恐山の菩提寺はイタコの活動を黙認してきたのだが，この結果，1976年に恐山の菩提寺がイタコの活動を規制する意向を示したという[27]．

　翌1977年には菩提寺の意向の通り，イタコの活動に対する規制が，人数と場所に対して行われた．人数に関しては，30人を上限とした．ただし，1976年以前に恐山にて活動していたイタコがどれ程の人数であったのか，詳細な記録を見つけることはできなかった．場所に関しては，例年には地蔵堂を一周するように軒下を陣取っていたとされる活動場所について，本堂を囲む柵の外側

へと変更したとされる (大道 2017：243).

　1976 年以前と 1977 年以降の活動場所について写真資料で確認しておきたい. **写真 4−1** は地蔵堂の背後から撮影した写真だが, その地蔵堂の向こう側に柵が確認できる. なお, この柵は地蔵堂の全面左右に広がっている.

　写真 4−2 は, 2018 年 7 月 23 日時点のイタコの活動場所である. 1977 年にイタコの活動場所を変更して以降, この辺りで活動していたのではないかと推察される. 写真の奥側に写るのが総門であることから, イタコの活動場所は恐山の境内の中で最も外側に近い場所であることが分かる.

(3) むつ市刊行物におけるイタコの退場

　むつ市の刊行物における恐山の記述の変遷を通時的に分析した先行研究として, 大道 (2012) がある. 大道は『むつ市勢要覧』(ただし, 名称は発行年によって若干異なる) の 1960 年から 1989 年に発行されたものを対象として恐山を取り上げる際の写真や記述内容の変化を分析している. ここでは, 大道による『むつ市勢要覧』の整理をもとに, むつ市の恐山の捉え方の変化を確認していこう. なお, 『むつ市勢要覧』はむつ市立図書館に保管されている限り確認した.

　『むつ市勢要覧』が初めて発行されたのは 1960 年だが, 恐山は観光の項目において以下のように記述されていると紹介している.

　　「当むつ市は数多くの観光資源に恵まれ, 年々観光客が激増している現状でありまず. 日本三大霊場の一つ恐山は騒音と繁忙の中に生活する近代人にとって俗塵を越した仏果の顕然たる様想はあこがれの地であり, いこいの場所であります. (中略) 日本三大霊場の恐山 (田名部駅よりバスで 50 分) は貞観 4 年 (880 年) 慈覚大師によって開かれたと言われ, その俗塵を離れた境内には古滝の湯, 冷の湯, 花染の湯などの温泉が湧出し, 喧噪のなかに生活する近代人の憧れの地とされています」(『むつ市勢要覧 1960』).

　この時使用されている写真は恐山の全体的な風景を写したものである. ただし, すでに確認した通り, 1959 年の時点で既にマスメディアがイタコに注目

第4章　むつ市とイタコと原子力　113

写真4-1　恐山地蔵堂

筆者撮影（2018年7月23日）.

写真4-2　イタコの活動場所

筆者撮影（2018年7月23日）.

していたことは事実である．1960年という段階でむつ市がイタコに気が付いていないと考えるのは困難であるが，「1960年の時点でむつ市が恐山のイタコを観光資源と捉えている様子は無い」(大道 2012：189) という．

『むつ市勢要覧』において初めてイタコが登場するのは1963年である．『むつ市勢要覧 1963』の観光の項目において，主要な行事欄に「恐山祭典とイタコの口寄」を挙げ，「毎年7月20日から24日まで開催され，イタコの口寄せが行われる．口寄せとは巫女が死者の言葉を生者の依頼で伝えることをいう」(『むつ市勢要覧 1963』：113) として，イタコに言及している．またこの時使用されている写真は，恐山に関する複数枚のうち一枚がイタコの口寄せを写したものである．

その後，1965年発行の『むつ　昭和21年版』では，「7月20日から24日までの祭典は参拝者が雲集し，イタコ（巫女）の口寄女（霊媒）に涙する人が多い」と記されている．また1968年発行の『むつ市勢要覧 1967年版』には，恐山の項目にイタコの写真二枚が掲載されている．

この『むつ市勢要覧 1967年版』には，先述の『飢餓海峡』の著者である水上勉による寄稿が掲載されている．水上は下北の風景を賛美した上で，「下北は，日本人の魂の故郷（ふるさと）だと私は思う」と述べて締めくくる（水上 1968：57）．水上勉という流行作家による寄稿を掲載したことについて，大道は1967年発行の『むつ市勢要覧 1967年版』はこの映画の公開を受ける形で作成されたと推測している．「こうした点からは，大衆文化の動向を意識し，それを積極的に取り入れ活用していたむつ市の姿を窺うことができる」(大道 2012：187) と考察している．

すなわち，むつ市は全国あるいは中央から向けられた関心に沿うように，むつ市を説明し始めている．つまり，地域の信仰対象であった恐山のイタコを観光の文脈で説明するように変化したことに顕著だが，むつ市のこうした動向は，むつ市の外側社会から付与された地域像に順応せんとするものとなっている．

こうした中，イタコを通して全国的注目を集め，数多くの観光客が訪れてい

る恐山を，むつ市はどのように説明していったのだろうか．

　むつ市は，確認してきた通り，『むつ市勢要覧』において 1963 年から恐山を記述する際にイタコを用いてきた．それは，1972 年に一度取り上げられなくなったことを例外として除けば，1975 年の『むつ市勢概要　1975 年度版』まで継続して，恐山の記述にイタコは登場する．この点に関して大道は「やはり当時抜群の知名度を誇っていた『恐山のイタコ』という表象を，観光資源の開発に援用したと考えるのが妥当だろう」（大道 2012：187）と考察している．

　しかし，1977 年の『むつ市勢要覧 ’77』から，恐山の項目にイタコは登場していない．大道は『むつ　昭和 54 年』『むつ 1982　市勢要覧』『むつ 1986　市勢要覧』『むつ 1989　市勢要覧』まで一切登場していないと紹介している．恐山を説明する際にイタコを用いるのは「『むつ』の定番となっていた」（大道 2012：187）にもかかわらず，1977 年以降，恐山の項目からイタコは消えた．

　では，観光客が数多く来訪する恐山は，1977 年以降どのように説明されたのか．大道は次のように整理している．『むつ市勢要覧 ’77』において，恐山は紅葉の名所として説明されており，それ以降『むつ 1986　市勢要覧』に至るまで，恐山は紅葉の名所として扱われている．大道は，紅葉が秋のものであることに着目し，「従来『恐山』が夏期大祭で注目されてきたことを考えれば，大きな変化であるといえよう」（大道 2012：186）と指摘する．さらには，「恐山では秋にも祭が行われ，この時にもイタコマチが設けられるが，これについても一切触れられていない」（大道 2012：186）ことも指摘する．

（4）地域教育における恐山イタコ

　1977 年以降，むつ市を含む下北地域は，当地をどのような特徴を持つものと説明したのか．ここで参照したいのが，下北社会科教育研究会編の『わたしたちの下北』（1980，1981，1984，1991，1993，1998[28]）である．『わたしたちの下北[29]』は，小学校 3 年生と 4 年生の 2 年間にわたって使用する副読本である．1980年から完全実施される指導要領に準拠した，新しい教科書にならって作成されたものである．

本書の編集にたずさわった教員の一部は，先に確認した郷土史研究会「下北史談会」(1971 年まで)，「下北の歴史と文化を語る会」(1972 年以降) の会員と重なっている．例えば，本書の編集指導を担当した唯一の人物は鳴海健太郎であるし，編集委員の一人には前田哲男の名前が挙がる．1964 年から私的郷土史研究会の有志メンバーとして下北地域像に関する議論を牽引してきた彼らであったが，1980 年出版の副読本『わたしたちの下北』では編集執筆を牽引する立場である．

下北地域像について長年にわたり検討してきた下北史談会／下北の歴史と文化を語る会会員を含む下北社会科教育研究会は，下北をどのように見たのだろうか．1980 年版の目次を表 4-1 から確認していこう．

まず，イタコの捉え方について確認していこう．1980 年から 1998 年にわたる計 6 版分の『わたしたちの下北』において，イタコは本文中には一度も確認できない．3 年生用学習単元の最後に挙げられている「六，かわってきた市 (町・村)」の「3，下北の文化財や行事」の最終ページに，掲載された 4 枚の写真の一つが，恐山大祭 (夏祭り) におけるイタコの口寄せが行われているテントが立ち並んでいる様子を伝えるものである．写真の下には，「恐山大祭 54.7.20 〜 24　小さなテントはイタコの口寄せをしているところです」との説明書きが添えられている．

同じページの 4 枚の写真のうち，もう一枚恐山に関連するものが掲載されている[30]．恐山が人でごった返している様子を伝えるものである．この写真の下には，「恐山大祭 54.7.20 〜 24　下北郡・むつ市のほか全国から観光客がバスでやってきます」との説明書きが添えられている (下北社会科教育研究会編 1980：62)．

イタコに関する同じ写真は『わたしたちの下北』の 1981 年版にも確認できるが (下北社会科教育研究会編 1981：62)，1984 以降の年版では確認できない．

イタコという単語が次に確認できるのは，1991 年版である．1991 年版の『わたしたちの下北』は全面改定版になっており内容が以前の年版から大きく変更されている．その変更に伴い，1991 年版から新たに加わったのが，「下北

第 4 章　むつ市とイタコと原子力　*117*

表 4-1　下北社会科教育研究会編 (1980)『私たちの下北　昭和 55 年度版』

項目	開始ページ	項目	開始ページ
もくじ		六．かわってきた市（町・村）	44
あいさつ　下北社会科教育研究会長　川名家治		1．市（町・村）のうつりかわり	44
三年		2．下北の交通のうつりかわり	51
一．わたしたちの市（町・村）のようす	1	3．下北の文化財や行事	56
		四年	
1．学校まわりのようす	1	一．けんこうでゆたかな生活	64
2．下北の土地のようす	5	1．ゴミのしょりや水道	64
二．人びとのくらしと工場のしごと	8	2．わたしたちの生活と電気・ガス	68
1．ナイロン工場のようす	8	二．安全な生活	72
2．水産かこうだんちのようす	9	1．火事や大水をふせぐ	72
3．製材工場のようす	13	三．人びとのくらしをよくするために	78
4．電子工場のようす	15	1．市（町・村）役場のしごと	78
5．下北の工場	17	2．県庁のしごと	84
三．人びとのくらしと田や畑のしごと	21	四．きょうどを開いた人びと	90
1．下北の農業	21	1．三本木原大地と新渡戸伝	90
2．下北農業きょうどう組合のしくみ	24	2．治水につくす	95
3．田や畑のしごと	26	五．いろいろな土地のくらし	99
四．人びとのくらしと店のはたらき	30	1．大地の人びとのくらし（むつ斗南丘酪農）	99
1．下北の店	30	2．高原の人びとのくらし（川内町野平部落）	109
2．むつ市の商店街	32	あとがき	114
3．店どうしの協力	36		
五．わたしたちの市（町・村）と県内のほかの市	38		
1．青森県の土地のようす	38		
2．県内のおもな都市	39		

出典）下北社会科教育研究会（1980）より筆者作成．

の地図」と題された手書き風のイラストである．この地図において，「恐山」という文字と恐山を想起させる積み石が描かれているが，そのすぐ隣に「イタコ」という文字と黒塗りの眼鏡をかけた老婆風の人物が描かれている（下北社会科教育研究会編 1991：18）．同じものは 1993 年出版の部分改訂版においても確認できる（下北社会科教育研究会編 1993：18）．

　むつ市立図書館で所蔵されるものとして，次に確認できるのは 1998 年版で

あり，これが所蔵されている最終版であるが，1998年版ではイタコという単語やイタコと分かる写真やイラストは確認できなかった．

以上から，『わたしたちの下北』(1980, 1981, 1984, 1991, 1993, 1998) で地域教育に携わる教諭たちによる下北地域像を確認する限り，イタコは強調されていないようである．

2　原子力船母港事業

恐山イタコ観光の盛り上がりの傍らで，むつ市は原子力事業への取り組みを開始していた．原子炉を搭載した船舶，原子力船の母港事業である．原子力船母港事業の経緯に関しては，田中 (1985) に詳しくまとめられている．本項の内容は，田中の整理に依拠している．なお本章において繰り返し参照してきたのは教育関係者らによる資料だが，田中も高校の教員としての経歴を持つ人物である．

むつ市の原子力船母港事業の概略において重要なのは，本事業がむつ市発案ではなかったものの，結果的に本事業をむつ市が受け入れ，さらには継続的に取り組むに至ったということである．まずは，原子力母港事業ならびに，原子力船事業はむつ市の外側において発案され開始されたという状況について確認していこう．

原子力船母港の選定に先行して，原子力船の造船計画が開始されていた．原子力船調査委員会が1955年に発足したと同時に，造船業界ならびに海運業界の総意によって，原子力船の造船計画が進められた．

翌1956年には原子力委員会が発足し，1961年の原子力委員会において原子力船第一号の造船方針を決定した．原子力船第一号は海洋観測船とすることを原子力船専門部会で答申している．

その後，1963年には，特殊法人日本原子力船開発事業団が発足した．本事業団は原子力船第一号の基本設計を取りまとめ，それを原子力委員会に報告している．そして1967年には日本原子力船開発事業団が原子炉設置許可を申請し，これに対して総理大臣が許可をした．

この当時，原子力船母港の第一候補に挙がっていたのは横浜港であった．しかしながら，1967年7月に飛鳥田一雄横浜市長が反対を表明したことにより，原子力船母港の第一候補から横浜港が取り下げられることとなった．

その直後の同1967年8月，科学技術庁が原子力船母港の選定事業を行った結果，むつ市内に位置する大湊港が原子力船母港に内定することとなった．同年9月，日本原子力船開発事業団の理事ら関係者が大湊港の視察に訪れ，大湊港北埠頭を原子力船母港の候補地とすることに対して地元関係者に協力を要請した．こうして，原子力船の母港としてむつ市の大湊港が候補地となった．

しかしながら，地元関係者からは大湊港を原子力船母港の候補地とすることに対して，反対の声が上がった．こうした声は反対運動に結集することとなった．同1967年10月2日，地元関係者ら約3500名が集まり，反対集会が開かれた．

その二日後の同月4日，むつ市長（河野幸蔵）は原子力船母港設置審議会を発足させた．審議会において原子力船母港事業の受け入れについて答申し，委員23名中，賛成18，反対1，保留1，欠席3の結果を得た．加えて，青森県においても，県議会全員協議会において原子力船母港事業について協議された．その席で，青森県知事（竹内俊吉）は原子力船母港事業の受諾を示唆し，同年11月4日には青森県知事として原子力船母港事業の受け入れを表明するに至った．その一週間後の11月11日，むつ市議会全員協議会が開かれ，むつ市長（河野）も原子力船母港事業の受け入れを表明した．その三日後の11月14日，青森県は県としての正式受諾の回答を呈した．

そのわずか2週間後，11月27日には原子力船の建造は着手された．

1969年4月，原子力船第一号の船名が「むつ」と命名された．そして同年6月には原子力船の建造工場に当時の皇太子と皇太子妃を迎えての原子力船「むつ」の進水式が執り行われた．

同年10月，むつ市長選が行われ，現職であった河野幸蔵が再選を果たした．

その一方で，原子力船事業に諸手を挙げて歓迎する様子を見せなかったのが漁業関係者であった．1972年9月，陸奥湾地区漁業協同組合経営対策評議会

の代表が原子力船「むつ」を見学した．評議会は県ホタテ振興会と，漁業確保
対策協議会と共に，湾内出力試験の反対を陳情した．さらに，同年10月には
これら団体が出力試験の中止を日本原子力船開発事業団に申し入れた．地元の
漁業団体のみならず，同様の要請は市長も行っている．河野市長が科学技術庁
に出向き，国の責任において実験が軌道に乗るように要請し，事態の打開を
図った．

　しかしながら，同年11月2日には，日本原子力船開発事業団はあくまでも
陸奥湾内での出力を行う計画を公表するに至った．これに対して，湾内出力に
慎重な姿勢を見せていた青森市や漁業団体は賛同しなかった．日本原子力船開
発事業団による計画公表の後に，日本原子力船開発事業団と青森市，また日本
原子力船開発事業団と漁業団体との間で話し合いの機会が持たれたが，立場の
異なる双方の間で合意が得られることはなかった．

　このように原子力船の出力実験の場所に関して関係者らの間で合意が確認さ
れない状況は，1973年になっても好転することはなかった．むしろ，こうし
た事態に対して漁業関係者らは態度を硬化させ，反発を見せるようになった．
陸奥湾沿岸で漁業活動を行う漁業関係者らの代表者17名が反対を表明した．
こうした動向は陸奥湾周辺の漁業関係者に限定されたものではなく，青森県の
漁業関係者にも広がりを見せた．漁業関係者らは青森県漁業協同組合連合総会
において，湾内と湾外を問わず，漁場における出力試験を決して認めないこと
を決議した．

　こうした漁業関係者らによる反対を受けて，日本原子力船開発事業団は湾内
での出力試験を断念するに至った．

　その後，日本原子力船開発事業団は外洋での出力計画を公表した．しかしな
がら，これに対しても湾内出力計画公表の際と同様に，漁業関係者らの強い反
対が表明されたことで，外洋での出力計画は延期されるに至った．

　このように，原子力船事業を実施することに対する困難さが繰り返し確認さ
れる状況において，むつ市に位置する大湊港を原子力船第一号船である「むつ」
の母港としている状況を変えようとする議論がむつ市内から高まりを見せ始め

た．1973 年 9 月 25 日，陸奥湾沿岸で活動する 12 もの漁業組合が原子力船母港を返上する意向を表明したのである．数日後の同月 30 日には，むつ市長選が行われ，新人の菊池渙治がむつ市長に当選した．新市長（菊池）は同 1973 年 12 月のむつ市議会において，原子力船母港の返上も辞さないと答弁を行った．

　原子力船母港をめぐる事態は悪化していた．むつ市長（菊池）は青森県知事（竹内）との間に，繰り返し会談を行ったが同意には至らなかった．また 1974 年 8 月にはむつ市長（菊池）が当時の内閣総理大臣（田中角栄）に対して，原子力船「むつ」の安全性に関して最新の情報を提供するように要請する文書を提出した．しかしながら，その一方で，日本原子力船開発事業団は青森県とむつ市の同意を得ること無しに，原子力船「むつ」の出力試験を行うとし，そのための原子力船「むつ」の出港を同 1974 年 8 月 25 日の午前 9 時に行うと決定した．すなわち，原子力船「むつ」の出力試験について暗礁に乗り上げている状況の打開が望めない事態であったが，実力行使によって出力試験を行おうとする指針を示したのである．

　しかしながら実際には，8 月 25 日の出港は見送られる結果となった．というのも，出港式が挙行されている中で，原子力船「むつ」の周囲に 400 もの漁船が終結し，原子力船「むつ」の出港を阻んだのである．海上における漁業関係者による反対運動であった．加えて，陸上においても反対集会が開かれた．むつ市長（菊池）は日本原子力船開発事業団に出港の中止を要請し，実力行使による原子力船「むつ」の出港は見送られることとなった．

　しかしながら，翌日の 8 月 26 日午前 0 字 45 分，800 名の警察機動隊と十数隻の巡視船が見守る中，原子力船「むつ」は大湊港を出港した．

　この翌日の 8 月 27 日，原子力船「むつ」の強制的な出港に対して，青森県は遺憾の意を表明した．それのみならず，いくつもの漁業協同組合が原子力船「むつ」の大湊港への帰港を阻止することを決議した．

　翌日 8 月 28 日原子力船「むつ」は太平洋上の試験海域において出力試験を実施し，初めての臨界実験に成功したのであった（田中 1985：162-169）．

第4節　原子力船母港事業への説明枠組み
——先進性——

1　先進事業としての原子力船「むつ」

(1) 行政刊行物

　この原子力船「むつ」の母港事業は，むつ市内においてどのように捉えられていたのだろうか.

　むつ市刊行物『むつ市勢要覧』において初めて原子力船が掲載されたのは，1968年のことであった．1968年は，原子力船の母港の地としてむつ市が内定した1967年と，原子力船の命名された1969年の間の年である．2ページにわたって原子力船母港と原子力船そのものに関する記事が掲載されている．冒頭にはこう記されている.「原子力船母港　昭和42年9月，日本原子力開発事業団より原子力船母港を，本市下北埠頭に建設することについて，協力の要請を受けた．本市は，これに対して種々検討の結果，同年11月，事業団に対して母港の設置に同意する旨回答した．これにより事業団は，同年12月から下北埠頭付近のボーリングを開始し，43年4月より母港建設工事に着手することになった」(むつ市 1968：18).　原子力船母港の受け入れ決定への経緯を紹介し，同ページには母港陸上付帯施設の建設に関するスケジュールを掲載している．本スケジュールによれば，昭和42年の初めに設置許可申請，46年末には炉引渡と燃料装荷，性能確認とある．つまり原子力母港の受け入れは着々と進められると計画している．また1968年当時の母港予定地の写真と，母船の主要設備概略配置図と題して完成予定図も掲載されている (むつ市 1968：18-19).

　本資料においてむつ市が初めて原子力船を紹介した際，原子力船事業を国策の一環であると説明していることが読み取れる.

　『むつ市勢要覧』は数年に一度の刊行であるが，1968年版の次に刊行されたのは1971年版である．1971年は，原子力船が「むつ」と命名された1969年の2年後である．1971年版の表紙は，原子力船「むつ」の写真である.「むつ

MUTSU」と表記された船名がはっきりと映し出された写真である．1968年版には表紙写真が何も掲載されていなかったことを考慮すると，1971年版からはむつ市の原子力船「むつ」へ寄せる期待の大きさが窺い知れるだろう．1ページ分を割いた原子力船「むつ」の母港に関する記事だが，文書のおよそ半分は1968年版の文章とほとんどが同じ内容である．1971年版で追加された内容は，「昭和44年6月，わが国の原子力第1船『むつ』の進水式が石川島播磨重工業東京第2工場に皇太子ご夫妻の出席のもとに行われ，チェリーグレーのスマートな船体が東京湾に浮かんだ」ことや，「昭和45年7月，石川島播磨重工業（株）から日本原子力船開発事業団へ引渡された『むつ』は東京晴海埠頭で一般公開後，7月15日午前9時，母港の大湊港へ向けて出発．7月18日午後1時30分大湊港に到着した．7月19日母港の岸壁に接岸，21日より23日までの3日間『むつ』の一般公開が行われ約20,000人見学に訪ずれた」ことである（むつ市1971：46）．

　本資料において，むつ市は原子力船「むつ」が国家的に権威づけられている様を紹介し，また多くの人の関心を引いていたことが示されている．

　次に『むつ市勢要覧』が刊行されたのは1972年だが，1972年版では大半のページが写真に充てられている．[31]港湾と題されたページに3枚の写真が掲載されており，そのうちの一枚には「重要港湾大湊港」と記された木製の看板が映し出されている．残りの二枚に添えられた説明書きにはそれぞれ「整備の進む重要港湾」と「原子力船『むつ』」とある．原子力船「むつ」と母港である大湊港に対して引き続いて重要視する姿勢を見せていることが読み取れる（むつ市1972：22）．

　続いて『むつ市勢要覧』が刊行されたのは1975年であるが，1975年版を確認してみると，原子力船「むつ」に関する項目は無い．かろうじて，むつ市年表に記されるのみである（むつ市1975：2-3）．この後も，原子力船「むつ」の文字は年表おいてのみ確認される（むつ市1977：4；1979：2-7；1981：資料編1-5）[32]．

　ゆえに，1973年以降にむつ市が原子力船「むつ」に対してどのような説明を与えていたか，あるいはどのように捉えていたかを，本資料を用いて確認する

ことは難しくなっている．むつ市はこのタイミングで原子力船「むつ」に対して積極的な説明を付与することが困難となったようである．

（2）郷土資料

この 1973 年というタイミングで，郷土誌が創刊される．下北の人びとの考えの記録である．この郷土誌『下北文化[33]』には創刊号から一つの連載が始まる．連載名は「キャンバスと原子力」．むつ市で活動する画家，中村亮嗣が原子力船母港への反対の意向を示したものである．

中村が連載中に繰り返し強調した反対の理由は，安全性への懐疑であった．しかし本連載は反対の論理を提示するだけでなく，原子力がむつ市内でどのように捉えられていたかを中村自身が回顧し，記録したものでもある．中村の連載から，原子力船母港事業がむつ市内においてどのように捉えられ，憧れをもって迎えられたかを確認していこう．

連載第一回目の冒頭はこう始まる．「むつ製鉄の話題も忘れかけた頃，昭和四十二年，むつ市民は当時，故杉山（勝雄，筆者）市長の念願であった田園都市づくりをめざしていた．幻のむつ製鉄の後に残されたものは政府不信であったが，この平和な町が公害にまきこまれずにすんだのは幸いであった」（中村1973a：44）．中村は，原子力船事業をむつ製鉄事業と重ねて見ている．国策としてむつ市にやって来る科学事業として共通項を見出していた．

原子力船母港に内定した 1967 年当時の様子を中村はこう振り返る．「それまでは，原子力といっても雲をつかむような話であるというのが大部分の市民の気持ちであった．原子爆弾や科学マンガの世界，ある程度知っている人でも東海村原子力研究所．先日，原子力をテーマにしたドラマがテレビで放送されていたようだ．高級技術者などのくり拡げるドラマを見て原子力にほのかなあこがれなどをもっていたことも事実のようであった」（中村1973a：44）．また「核開発という名文句の前には誰れも意義を唱えることはできない状態であった」（中村1973b：43）と振り返る．また原子力開発賛成派であった作家の林房雄が，アメリカの原子力潜水艦寄港反対派の人びとをなじる文章を書いていると紹介

し，どのような内容であったかを思い出す形で記している．「反対する人たち
は科学も知らない時代おくれの人たちばかりだから，昔のヨロイカブトを着て
反対デモでもやったらよかろう，そうしたら原子力潜水艦の乗組員のための眼
の保養になるだろう……というような文で結んであったのを思い出す」（中村
1973b：44）．科学への漠然とした憧れと，科学に先進性が見出される時代で
あった．

　むつ市と国策との歴史的経緯と，科学が先進的であるとする以上の二点は，
むつ市においてどのように理解されていたのだろうか．これについて中村は第
3回目の連載で記している．

　第三回目の冒頭はこう始まる．「むつ製鉄の苦汁をのまされて以来，むつ市
民は政府のやり方に怒りを覚えたというよりも，世界的情勢，経済的又は高級
技術者の問題などから，あれはやむをえなかったんだという気持ちの方が強
かったかも知れない．しかし，これからは誰が見ても原子力時代だ，石炭，石
油はあと何年かすれば枯かつする．電力はもちろん，船も飛行機も機関車も自
動車まで原子力エネルギーで無限に動く，これももう夢でなく現実のものに
なったこの先端をこのむつ市で引きうけたのだ，という河野むつ市長の英断こ
そ高く評価されてよかった」（中村 1973c：35）．国策である原子力事業は世界的
に最先端であるから製鉄事業のような頓挫は繰り返すはずがない．この世界的
最先端事業が実施される場こそ，むつ市である．これが当時のむつ市内で多数
を占めた原子力事業に対する理解として示されている．

　続けて，中村は当時のむつ市民の心境についてこう説明した．「このむつ市
から原子力時代が世界にむかってはばたく，という気持ちになることも切なる
むつ市民の願望であった」（中村 1973c：35）という．

　実際に，むつ市が原子力船母港の受け入れ表明をした際の新聞記事には「原
子力時代来たる」「二十世紀の夜明け」「下北，むつに陽光さし込む」という文
字が躍ったと記している（中村 1973c：35）．というのも，「科学の時代」におい
てむつ市民のみならず，「科学的，この言葉こそ現代人に弱いものはない．科
学こそすべての不可能なものを可能にしてみせた」のであり，当時の時代状況

として科学推進は主題化されていたのである（中村 1973c：35-36）．

　つまり，時代の主題に位置づけられた科学，その中でも先端に位置づけられた原子力がむつ市にやって来るという理解がなされていたことが，中村の連載から読み取れる．「バラ色に輝く未来，科学への期待は淋しい下北に一点の灯をともした感じであった」（中村 1973c：38）という．

　なぜなら，「都会のオコボレを有難く頂戴し『都会的』といわれることに誇りを感じていた．だから原子力施設を入れ，都会的になるといわれれば自分も都会人に，科学的に近代的になれると思っていた」（中村 1974b：35）からだった，と住民意識に触れながら回想している．

　郷土誌『下北文化』の連載「キャンバスと原子力」は，後に加筆修正が加えられ，1977 年に『ぼくの町に原子力船がきた』という書名で岩波新書として広く読まれるものとなった[34]．

2　先進事業地としての母港提供の継続

(1) 原子力船「むつ」の放射線漏れ事故

　原子力船「むつ」は，太平洋上で臨界実験を成功させた後，重大な事故を起こす．

　1974 年 8 月に大湊港を強制出港し，初めての臨界実験に成功した原子力船「むつ」であったが，同年 9 月 1 日午後 5 時 17 分に太平洋上で放射線漏れの事故を発生させる．むつ市は青森県から放射線漏れの連絡を受けたが，それは事故発生から 19 時間後の翌 2 日の正午過ぎのことであった．むつ市長（菊池）は青森県知事（竹内）と共に安全性が確認されるまでは帰港を認めないことを強調した．しかし 9 月 15 日の関係閣僚懇談会で「むつ」を帰港させることが決定した．しかし，これに対して竹内県知事をはじめとして県漁連も拒否を表明し，さらに菊池むつ市長も拒否を表明した．仮泊地の候補港においても入港阻止の体制が固まった．これを受け，10 月 14 日には新母港を 6 カ月以内に決定すること，また 2 年 6 カ月以内に大湊母港を撤去することを骨子する四者協定（政府・青森県・むつ市・県漁連）が締結された．そして同年 10 月 15 日，原子

力船「むつ」は帰港した．しかしこの後，約束の 2 年 6 カ月が経った後も，原子力船「むつ」は大湊港に係留されることになる（田中 1985：169-170）．

　この放射能漏れ事故は地元関係者のみならず，日本国民一般にとってもショッキングな出来事として映ったという．山本は，「『むつ』をめぐる騒動が，従来からの反対運動の関係者にとどまらない多くの人々の不信を招いたことは，マンガからも窺い知ることができる」（山本 2015：142-146）として，手塚治虫の『ブラック・ジャック』を紹介している．それは，『少年チャンピオン』1974 年 10 月 28 日号に掲載された『ブラック・ジャック』第 46 話の「死神の化身」の回であった．

　『ブラック・ジャック』第 46 話には，「ムツゴロー」という名の原子力船が登場する．この「ムツゴロー」について，「原子力船ムツゴローは四週間前　住民の反対をおしきって航海に出発　そのあと沖合で原子炉から放射能灰が多量にもれたことがわかり　四週間も洋上をただよっていた」[35] と説明されている．山本はこの原子力船ムツゴローの事故は，むつ市大湊港を母港とする原子力船「むつ」の事故から着想を得ていることは明らかであると述べている．

　この物語の中で，役人が放射能症を患った船員たちを秘密裏に治療するために天才外科医ブラック・ジャックを呼ぶのだが，同時に安楽死を専門とするドクター・キリコが呼ばれていることに山本は着目している．「この作品は，核エネルギーの『平和利用』に関する不安をわかりやすく提示している」（山本 2015：145）と指摘し，「放射線被爆による健康被害の問題は，核エネルギーの『平和利用』でも起こりうるという不安．原子力開発では『何かが隠されている』という漠然とした不信感などが巧みに取り入れられているのである」（山本 2015：145）と分析している．

　こうした状況下で，1977 年にむつ市長選が行われる．この時，現職の菊池渙治と河野幸蔵前市長とが競り合った．これまで見てきたように，原子力船「むつ」は国民一般にまで核エネルギーに対する不信感を強めるものであり，かつ，当地のむつ市，青森県，漁業関係者は総じて原子力船「むつ」の母港を存続することには断固として反対の姿勢をとり，中央政府関係者にも強固な姿

勢で挑んできた．1973 年に漁業組合が母港返上を打ち出したのと時期を同じ
くして市長選に勝利したのが現職の菊池であった．この時の菊池について，後
に『朝日新聞』では，「四十八年に『母港反対』を掲げて市長の座を攻め取り，
翌年には放射線漏れ事件を機に政府から母港撤去の約束をとりつけて時のヒー
ローとなった菊池氏」(「どこへ行く革新自治体 3」『朝日新聞』1978 年 5 月 30 日朝刊 1 頁)
と評されており，菊池漁治は現地の期待を体現するリーダーだった．

　しかしながら，1977 年の市長選において，菊池は再選を果たせなかった．
新市長に就任したのは，原子力船「むつ」の母港への存置を訴えた前職の河野
幸蔵であった．

(2) 原子力船母港事業の継続とその後：国際海洋科学研究都市への取り組み

　むつ市を含む下北地域において，当地域はどのように説明されていたのか．
むつ市内で地域教育の教材として用いられる社会科副読本『わたしたちの下
北』を確認していこう．本資料は下北地域の産業や生活の様子，またこれまで
の地域の歴史など，を単元ごとに内容を区切って編集されており，どの単元あ
るいは項目を強調しているのかは，判断がつかない．ただ，1991 年出版の全
面改定版と 1993 年出版の部分改訂版には，それ以前の年版から新しく追加さ
れたものがあった．その一つが，三年生での学習内容の目次の最後に追加され
た，「これからのまちづくり」である (下北社会科教育研究会編 1991：71-73)．

　この「これからのまちづくり」という項目には，3 ページものページ数が割
かれており，今後の下北の発展方針を，当時の下北社会科教育研究会がどのよ
うに捉えていたかを窺い知ることができる．「これからのまちづくり」項目の
最後の 1 ページは，「町のうつりかわり新聞」と題された，小学校 3 年生の児
童が作成したことが窺える新聞が掲載されている．作成者氏名として「3 年 2
組山田一史」の名が記されている．

　「町のうつりかわり新聞」は，町のこれまでの様子と今後の発展の様子を，
時系列で示したものである．『わたしたちの下北』1991 年版に掲載されている
「町のうつりかわり新聞」において，「① おじいさんが子どものころ」の欄には

着物姿の男子学生風の人物が風呂敷包みを持っているイラストが描かれている．その隣には「② おじいさんがおとなになったころ」という欄があるが，ここでは，学生服風の洋服姿の男性ともんぺ姿の女子児童のイラストが描かれ，その上には平仮名で「せんそう」と記されている．続いて，「③ お父さんが子どものころ」の欄では，下北半島と北海道の渡島半島の間に船を描いたイラストが掲載されており，船の上には「カーフェリー」と記されている．そして最後の「④ これからのようす」欄では，煙突のある建物が描かれ，このイラストの上には「げんし力はつでん」の文字が記されている（下北社会科教育研究会編1991：73）．これと全く同じものが，1993年版においても掲載されている（下北社会科教育研究会編 1993：73）．

　つまり，『わたしたちの下北』に掲載されている「町のうつりかわり新聞」から，下北の町の将来像に原子力が描かれていることが確認できる．下北の今後を想像する上で強調されているのは，他でもなく原子力である．

　下北地域と原子力との繋がりと言えば，原子力船「むつ」が想起されよう．鳴物入りでむつ市にやってきた原子力船「むつ」であったが，放射線漏れの事故を起こして活動目的を果たせないままとなっていた．放射線漏れの大事故を経験しつつも，原子力に町の行く末を期待した下北地域であったが，原子力船「むつ」の母港を引き受けていたむつ市は，むつ市の行く末をどう見ていたのだろうか．

　1990年代に入ると，原子力船「むつ」は，その役割を変えていくことになった．原子力船「むつ」は，1995年に原子炉の部分を撤去されたことで原子力船ではなくなった．同船に対して改造工事が加えられたのち，1996年に海洋地球研究船「みらい」として活動を再開することになった[36]．

　前項で確認してきた通り，むつ市が数年に一度刊行している『むつ市勢要覧』は，1968年に初めて原子力船を紹介してから，1971年，1972年と引き続き原子力船「むつ」事業に関して紹介してきた．しかし，1975年以降は年表に原子力船「むつ」に関する経緯が記載されるだけであった．

　むつ市刊行物である『むつ市勢要覧』において原子力船「むつ」の取り上げ方

に変化が確認できるのが，1994年である．市の沿革を14行で記した項目に，2行にわたってこう記されている．

> 「昭和42年には，原子力船『むつ』の定係港に大湊港が決定．同44年に重要港湾に指定された大湊港に『むつ』が入港．以来，『むつ』の長い漂流の歴史がありました」（むつ市 1994：4）．

続いて2000年版には，国際海洋研究都市と題した項目が登場する．「原子力船『むつ』が海洋地球研究船『みらい』へと変わり，これからむつ市は国際海洋科学研究都市への第1歩を踏出します」と説明している．さらに「科学技術館では，毎年夏休みにあわせて科学への興味をもってもらうために，いろんなイベントが開かれます．子どもたちのときめく目がむつ市の未来につながります」と続き，「むつ科学技術館サイエンスクラブ会場」の文字を収めた写真が海洋地球研究船「みらい」の写真とともに掲載されている（むつ市 2000：32）．

むつ市は，2001年度に策定した「新・むつ市長期総合計画」において海洋科学研究に必要な整備に取り組むと示している[37]．1985年から2007年にかけてむつ市長を務めた杉山粛は，「わが町を語る」と題した雑誌記事においてむつ市をこう表現する．「人と科学と自然が調和する心豊かな未来半島」である，と（杉山 2001：47）．つまり，むつ市において科学はなおも重要であるという．

杉山は，むつ市における科学の意義についてこう述べている．

> 「国際海洋科学研究都市として目指すべきは経済的な波及効果というようなことではなく，市民が『自分たちのまちから地球環境や気候変動の解明などに極めて有意義な情報が世界に向けて発信されている』ということに誇りを持つなどの市民意識の醸成です」（全国市長会 2003：108）．

科学はむつ市に誇りをもたらすものという意義づけがなされている．むつ市民にとって科学は町のシンボルであり，その科学は世界に貢献するという．むつ市は町の行く末に科学を見ている．

第4章 むつ市とイタコと原子力　*131*

おわりに

　むつ市を含む地域社会における地域像と，その地域像における問題点（地域像の文脈で否定的意味を有するもの）を確認してきた．組織としてのむつ市の行動は，そうした問題点との関連でどのように意味づけられるのか．

1 要 約

　地域教育の教材や地方紙において，むつ市を中心都市とする下北半島は日本本州の最北端であり後進地域であるとして開発の必要性が論じられていた．

　1950年代後半からのマスメディアの影響を受ける形で，恐山のイタコへの全国的関心は高まった．その結果，1960年代から恐山を訪れる観光客の数は急激に増えた．

　実際に，むつ市は一時的に観光環境の整備を行い，市刊行物においても，1963年から恐山の項目にはイタコを登場させている．ただし，それは継続しなかった．時期を同じくして，むつ市が取り組んだのが原子力船の母港事業であった．

　郷土資料に基づけば，イタコ観光は前近代的であると位置づけられており，また，原子力船の母港事業は先進的であると位置づけられていた．今なお，原子力船の母港事業は形を変えて継続されている．

2 解 釈

　むつ市を含む下北社会において，「日本の中心から離れた場所」とする地域像があった．そうした中で，「後進性」が注目されていた．「日本の中心から離れた場所」における「後進性」であるから，後進性は否定的に位置づけられ，地域像における問題点となる．

　そうした中で，マスメディアの報道によりブームとなったイタコ観光は，地域社会においては前近代的なものとして理解され，後進性を強調するものだっ

た．反対に，原子力船母港事業は，地域社会において先進的なものとして理解されていた．

むつ市の取り組みとして，イタコ観光への関与は継続させず，原子力船の母港事業は継続させた．地域社会において論じられていた「日本の中心から離れた場所」における「後進性」という問題点に対して，「先進性」は対処方策として位置づけられる．すなわち，むつ市の政策方針は地域社会の問題点に対する対処に寄与するものとして位置づけられる．

3　むつ市から分かったこと

以上，むつ市の事例を通して，否定的な状況認識に対して，どのような対処方策が講じられたのかが明らかになった．むつ市の事例において，「日本の中心地から離れた場所」における「後進性」という否定的な状況認識があった．またむつ市には恐山イタコという集客力を誇る観光資源があり，来訪者数は増加の一途を辿った．時期を同じくして，むつ市は原子力船母港事業を推進したが，ほどなくして原子力船は放射線漏れの事故を起こした．すなわち，客観的事実として，恐山イタコ観光というポジティブであるはずの要素と，放射線漏れ事故を起こした原子力船というネガティブであるはずの要素の双方がむつ市内にあった．ただし当地では，恐山イタコ観光は，「日本の中心地から離れた場所」における「前近代性」を有するものとして，むつ市が恐山イタコ観光事業に継続して取り組むことはなかった．その一方で，原子力船母港事業は，「日本の中心地から離れた場所」における「先進性」を有するものとして，むつ市は原子力船母港事業に継続的に取り組むに至った．すなわち，「日本の中心地から離れた場所」において「後進性」という問題を認識すれば，「前近代性」は対処方策とはなり得ず，「先進性」は対処方策とする解釈を可能とした．

すなわち，むつ市において，原子力船母港事業から継続する母港事業とは，先進性を有する事業として，「日本の中心地から離れた場所」における「後進性」問題への対処方策として講じられたことになる．

注

1) 原子力船「むつ」と海洋調査船「みらい」は同じ船体を使用しており，原子力船「むつ」に搭載されていた原子炉を撤去したものが海洋調査船「みらい」である．

2) マスメディアがイタコ像の形成に影響したことは大道 (2017) に詳細にまとめられている．マスメディアとは，1950 年代から 1980 年代にわたる新聞等の報道メディアに限定されるものではない．1990 年代以降においてもなお，複数のマンガ作品において，イタコ像の解釈を広げて取り上げられてきた．なかでも武井宏之の作品『シャーマンキング』では恐山イタコに関する十四話の分量を割いている（武井 2002a-2002n）．

3) 実際に，当時のむつ市において経済的に困窮した者は多かったという．生活保護率の全国平均は，昭和 35 年に全国平均で 2.72%，昭和 37 年には全国平均が 2.62% であった（国立社会保障・人口問題研究所ホームページ http://www.ipss.go.jp/s-info/j/seiho/seiho.asp (2024 年 10 月 27 日最終閲覧)．これに対して，菊地は，むつ市の生活保護率は全国平均をたいへん大きく上回っていたことを示している（菊池 1967：72）．

4) 「下北の貧しさは下北の人たちの怠惰だというつもりではない．下北の人たちの力を十分に発揮させるだけの人士的条件が足らなかったといいたいのである」（『東奥日報』1958 年 12 月 22 日）．

5) 『東奥日報』1959 年 1 月 1 日「下北①」より．

6) 『東奥日報』1959 年 1 月 7 日「下北⑥」より．

7) 菅井真澄は，1793 年の夏祭りに参拝したと紹介している（楠 1968：107）．

8) 露伴全集，第十巻，「易心後言」岩波新書，昭和四年十二月，が引用されている．楠は，この幸田露伴の恐山に関する記述を，「何ともいいようのない「あやしい」場所として画き，デモーニッシュな庶民の死者信仰をありのままに書きつけている」（楠 1968：110）と評している．

9) 大覚院のもとで組織されている山岳集団「やまかけ」は釜臥山への信仰であり，「これと恐山信仰とは直接関係していないようである」（楠 1968：88）．

10) 恐山の菩提寺である円通寺には檀家はいるが，「これが恐山信仰の中心になっているわけではない」（楠 1968：88）．

11) 加えて，恐山を信仰の場とするならば，春祭り，夏祭り，秋祭りにこの現世利益と死者供養の二重の信仰は織り込まれているはずであるとして，楠はそれぞれの祭の意味合いについて明らかにしている．春祭りと秋祭りは農事と関連するものとして，現世利益の色が強いとしている．その一方で夏祭りについては，円通寺の本殿内にて行われる儀式は現世利益の祈祷であるものの，他の祭りと比べると「夏の大祭では，死者供養の比重が非常に重い」（楠 1968：94）としている．

12) また，1970 年代における恐山参拝の具体的な様子を，高松 (1993) が記録している．高松は 1976 年を「現在」と表記しているため，1976 年当時の恐山参拝の様子であることが分かる（高松 1993：225）．

13) 参考資料は大道 (2013b:110) で引用されていたものを参照した．

14) 参考資料は大道 (2013b:112) で引用されていたものを参照した．

15) 大道は恐山で活動するイタコについて次のように説明している．「イタコが集団で口寄せすることをイタコマチと言う．周知のとおり，東北地方北部で活躍してきた在野の巫女であるイタコは，平素においては自宅や依頼者宅で単身商売を営んでいるものの，神社の祭礼日や盆の折にはその境内地に参集し，複数人で死者の口寄せを行うことがある．こうした商売の形態はイタコマチまたはミコイチと呼ばれ，従来，恐山では夏の大祭時にこの習慣が実施されてきた」(大道 2013a:39)．

16) 大道 (2013a：39) に紹介されていたものを参照した．

17) 大道 (2013a：47-48) を参照した．

18) 大道 (2013a：51) を参照した．

19) 大道は，民俗学者の佐治靖とシャーマニズム研究の代表的論者である桜井徳太郎の両者が共通して，イタコの認知度を上げるにあたりこの『飢餓海峡』が貢献したと指摘したことを紹介している (大道 2012：187)．

20) 『うそり』第 1 号刊行当時の会員の所属の内訳は以下の通りである．中学校 3 名，小学校 1 名，下北教育事務所 1 名である (下北史談会 1965a：38)．なお，第 1 号刊行当時に下北教育事務所所属であった橘善光も，1964 年 3 月末までは高等学校に所属していた．橘が 1964 年 4 月に下北教育事務所に所属となった後，下北教育事務所内の一室にて集ったことを契機として，下北史談会の結成に至ったという (下北の歴史と文化を語る会 1974：64)．

21) 例えば，下北史談会が下北の歴史と文化を語る会へと名称を変更した 1972 年には会員は 24 名になり，機関誌『うそり』最終号を刊行した 2014 年には会員数は 34 名であった (下北の歴史と文化を語る会 1972：77；2014：206)．

22) 機関誌『うそり』は非売品であり，希望者には実費を徴収した上で配布する分配形態をとっている．第 1 巻から第 3 巻に至るまで，巻頭言が掲載されている．

23) なお，前田と鳴海はむつ市に住所があることから，彼らの指摘は当時の下北居住者の一般的見解であったと理解できよう (下北史談会 1968：64)．

24) 下北史談会会員の二名 (立花勇，橘善光) の協力のもと，1970 年にむつ市立公民館の一室に郷土資料室が開室に至る．この郷土資料館は「下北総合博物館建設の足掛かりになるものと期待されている」．さらに，脇野沢公民館 (下北郡脇野沢村) にも郷土資料展示室が開設予定であることが情報提示されている (下北史談会 1971：47)．
また，巻頭言の項目は第 3 号を最後に無くなっていたが，第 49 号，第 50 号には再び設けられている．終刊を目前に控えた第 49 号の巻頭言はタイトル欄にこのように記されている．「提言仮称『下北半島・自然・歴史・民俗博物館』の設立運動を始めようではないか！　下北半島の文化遺産を保存・活用する為に！」である．なお，「この提言は，平成二十三年七月二十一日，下北文化会館で開催した『下北の歴史と文化を語る会』の総会において満場一致で議決されたもの」である．本会の解散に際して，「最後の願いと致しまして，下北独自の『博物館』建設の運動を提言いたします」と記す (下北の歴史と文化を語る会 2013：2)．
さらに，最終号である第 50 号において，下北史談会設立当初からの中心的人物であり

会長となっていた前田哲男は機関紙『うそり』の軌跡を振り返るにあたり，「博物館設立運動小史」という項目を設けて博物館設立に向けた機運を高めている（前田 2014b：15-16）．そして本号の論考の最後は，「しもきた博物館」設立運動について再度言及し，「財政難でも努力は続けられております．あきらめません…………！」と記して筆を置いている（前田 2014b：47-48）．

　　すなわち，下北史談会は結成以来，博物館設立を非常に重要視してきたことに特徴づけられる組織である．

25)　全50巻にわたる機関誌『うそり』にして唯一の別冊が2007年に刊行されているのだが，本別冊の特集こそ，イタコであった．一冊分をイタコ研究を牽引してきた高松敬吉ひとりが執筆したもので，タイトルは「民間巫女の系譜：特に青森県下北郡のイタコの動態について」である．ただし，出版年が本稿の分析対象時期とかなり異なっているため，ここでは詳細に触れない（下北の歴史と文化を語る会 2007b）．

　　なお，会員名簿において高松の名前を確認できるのは，1978年が最初である．下北史談会の設立メンバーではないが，入会以降16もの論考と特集を機関紙『うそり』において発表するなどして活発な活動が確認でき，中心的メンバーであったと推察される．

　　また，下北史談会は郷土愛好家を多く会員として擁していたが，高松は民俗学を専門とする研究者である．高松個人の活動としては，博士論文でもある著書『巫俗と他界観の民俗学的研究』(1993年)をもって，柳田国男賞（第三十二回）を受賞している．

26)　1975年を現在とする資料において，「数年前から，地元のバス会社が経営する恐山のレストハウスで，観光客のために口寄せをしている」とある（高松 1993：46）．このため，レストハウスでのイタコの口寄せは1970年頃から開始されたと推定した．

27)　実際に，1976年9月3日には『読売新聞』においても，利潤追求を主眼に置いたイタコについて報道している（大道 2017：243）．

28)　下北社会科教育研究会会員は，小中学校の教諭である（下北社会科教育研究会編 1980：116）．

29)　むつ市立図書館に保管されている限り確認した．

30)　同じページの他の2枚は，「大湊のねぶた祭り（54.7.3〜5）」との説明書きが添えられた，ページの上半分を大きく用いた写真と，「釜臥山に毎年山かけをしています」との説明書きが添えられた写真である（下北社会科教育研究会編 1980：62）．

31)　残りの半分は資料集となっている（むつ市 1972）．

32)　1981年版の次に刊行されたのは1986年版である．この間に原子力船「むつ」の新たな母港として，関根浜港がむつ市関根に着工されている．1986年版ではあとがきページに原子力船「むつ」の説明書きとともに原子力船の写真が掲載されている（むつ市 1986：28）．年表には，これまでと同様に原子力船「むつ」について記されている（むつ市 1986：資料編 1-5）．この後に刊行された1989年版でも，原子力船「むつ」は年表においてのみ触れられた（むつ市 1989：32-35；むつ市 1989：資料編 1-6）．

33)　むつ市立図書館に保管されているものを確認した．

34)　岩波新書としてまとめる以前，1975年5月に日本科学者会議下北分会から「キャン

バスと原子力」と題された一冊を中村は自費出版している（中村 1977：237）.
35）　ただし，山本は，「現在入手できる版では『放射能灰』が『細菌兵器』に改められている」（山本 2015：144）と指摘している.
36）　国立研究開発法人海洋研究開発機構ホームページ http://www.jamstec.go.jp/j/about/equipment/ships/mirai.html　参照（2024 年 10 月 27 日最終閲覧）.
37）　むつ市ホームページ「海洋拠点都市を目指して」http://www.city.mutsu.lg.jp/index.cfm/13,1056,14,288,html　参照（2019 年 12 月 10 日最終閲覧）.

第5章
アイデンティティをめぐる地方自治体の自問自答

第1節　地域社会の課題といかに向き合うか

　本書では，地方自治体の政策形成においてどのような論理が働いているのか
を明らかにすることを目的として，主として心理的論理に着目して事例分析を
行ってきた．その際に手掛かりとしたのは，政策課題である．地方自治体は，
地域社会におけるさまざまな課題に取り組み，政策を形成してきた．本書にお
いて，地域社会における課題に対処するものが地方自治体の政策であると位置
づけている．

　政策課題群の中でも，地方自治体間に共通するものとしてこれまで重視され
てきたのは経済的課題であった．これに対して，これまでほとんど注視されて
こなかったのは，地方自治体の心理的課題である．経済状況には数値化された
共通の指標を用いることができるのに対し，心理状況には各々の事情を考慮す
る必要があり共通の指標を見出すことは難しい．そこで本書では，地域社会
各々の心理的課題に接近するため，事例分析を行った．

　地方自治体の政策が，地域社会における課題に対処するものであるならば，
地域社会における心理的課題に対処することも，起こり得るのではないか．本
書では，地方自治体の政策形成を地域社会における心理的課題との関連におい
て事例分析を行った．

1 神戸市

まず，1970 年代を中心とした神戸市の動向に着目した．中でも，1972 年以降の神戸市が進めてきたのはファッション都市事業であった．

当時，神戸市を中心とした地域社会においては，歴史的経緯に着目して，神戸を「新しい町」とする地域像に焦点が当てられていた．そうした中で，同時に焦点を当てられたのが神戸の「伝統の無さ」であった．この「伝統の無さ」は神戸を「新しい町」とする文脈において，その否定的意味を強調したものとして位置づけられる．ゆえに，神戸市地域においては，「伝統の無さ」それ自体が問題点（課題）であったことが分かる．

また，ファッションという言葉に代表される，洋服を中心とした西洋由来のものをいち早く取り入れたのが神戸である，という理解も存在していた．曰く，神戸の人びとの有する「進取の気性」によって神戸のファッション文化が生まれた，という理解である．こうした理解のあり方をもって，行政組織としての神戸市は，ファッション都市事業を進めることの意義を説明した．

これはすなわち，「伝統の無さ」という地域社会の問題点への対処方策としてファッションを意味づけている．神戸市のファッション都市事業をめぐる動向には，地域社会における心理的課題への対処方策としての一面が看取される．

2 水俣市

続いて，水俣病をめぐる水俣市の動向に着目した．1956 年以降，水俣市内においては，水俣病の加害と被害の歴史が併存してきたが，1990 年を前後して，それらは水俣市の環境事業の中核を担うものとなった．

当時，水俣市においては，化学肥料工場のチッソ（新日本窒素肥料株式会社）の水俣工場が立地していたことに由来して，「チッソの企業城下町」とする地域像に焦点が当てられていた．そうした中で，水俣市においてチッソの生産活動を原因とする「公害病」が発見される．この「公害病」は「チッソの企業城下町」とする文脈において，非常に困ったこととして否定的意味を持つものとして位

置づけられる．ゆえに，水俣市地域において公害病は問題点（課題）であったことが分かる．

そうした中で，当初，水俣市内では水俣病は水俣市の発展を妨げるものとして人々に理解されていた．一方，国際社会において地球環境問題が主題化される中で，1980年代後半ごろからは，水俣市においても地球環境問題と関連付けて水俣病が議論されるようになった．

こうした理解の変化をもって，行政組織としての水俣市が，水俣病を用いた環境事業へ取り組み始めたことを説明付けることが可能である．すなわち，公害病という地域社会の問題点への対処方策とならなかったのが「水俣市の発展を妨げるもの」として理解された水俣病であり，反対に，問題点への対処方策となったのが「地球環境問題の先行事例」として解釈し直された水俣病である．

すなわち，水俣市の環境事業をめぐる動向は，地域社会における心理的課題への対処方策となり得たか否かに基づいていると看取される．

3 むつ市

最後に，1960年代から1970年代を中心として，むつ市の動向に着目した．むつ市は，観光客数の増加に大きく貢献していた恐山イタコ観光の振興を取りやめており，これと同時期に，原子力船母港の受け入れ事業を進めていた．

当時，むつ市を中心都市とする下北半島において，その地理的条件に着目して「日本の中心地から離れた場所」とする地域像に焦点が当てられていた．そうした中で，下北半島は「後進性」をもって論じられていた．曰く，下北半島は開発から取り残された後進地域であるとする理解であった．この「後進性」という特性は「日本の中心地から離れた場所」とする文脈において否定的意味を持つものとして位置づけられる．ゆえに，むつ市を含む下北半島において，後進性は問題点（課題）であったことが分かる．

そうした中で，当時観光化の一途を辿っていた恐山イタコ観光であったが，下北地域において恐山イタコは前近代的なものとして理解されていた．一方で，原子力事業は先進的であるとして理解されていた．

こうした理解のあり方をもって，むつ市が恐山イタコ観光の振興策を中断し，原子力船母港の受け入れ事業を継続させたことを説明付けることが可能である．すなわち，後進性という地域社会の問題点への対処方策となるのが先進性をもって理解された原子力船母港事業であり，反対に，問題点への対処方策とならないのが前近代性をもって理解された恐山イタコ観光である．

すなわち，むつ市は，地域社会における心理的課題への対処方策となるものには継続的に取り組み，対処方策とならないものは中断したと看取される．

4　三つの事例における共通点

以上，行政組織としての神戸市，水俣市，むつ市の政策に対して，それぞれの地域社会における心理的課題との関連に着目して分析を行った．これら三つの事例において共通するものとして，二点挙げられる．第一に，それぞれの地域社会において，地域像の文脈において否定的意味を持つ問題点があった．第二に，地方自治体の政策（行動）には，その問題点を再解釈して長所に転換するという一面があった．以上から導出できることは，各地方自治体の行動は，地域社会における問題点への対処方策であると解釈することが可能であることである．

ここで重要なのは，地域社会における問題点への着目や，それへの対処方策は，地域社会それぞれにおける理解のあり方に左右され，その理解のあり方に影響を受けて行われている点である．つまり，地方自治体の政策形成において心理的論理は無視できない影響力を持っていたということが，少なくともこれら三つの事例において共通している．

第2節　観光が映し出す影

1　事例の位置づけ

本書は地方自治体の行動原理を捉える際に，社会的アイデンティティ理論の視点は有用なのかを検討したものである．社会的アイデンティティ理論の有用

性を検討するため，本書では事例分析を行った．特定の事例を取り上げて過程追跡を行うことで，地方自治体の行動は社会的アイデンティティ理論が示唆する射程に収まるものなのか否かを検討してきた．

示唆を得た社会的アイデンティティ理論だが，本理論からはどのような事例が想定されるのか．第1章で確認してきた通り，第一に，社会的アイデンティティ理論は，集団の置かれた状況認識が否定的である場合における集団の行動を説明するものである．よって，状況認識が否定的でない状況にある集団の行動に対して，説明を与えるものではない．したがって，本書が射程に収めるのは何かしら否定的状況にある地方自治体であり，否定的状況にない地方自治体は議論の対象とはしていない．

第二に，社会的アイデンティティ理論は，集団の置かれた状況に対して否定的な問題認識を有する場合に，集団が自分たちを肯定的に位置づけようとする行動を説明するものである．集団が集団を肯定的に位置づけようとする際の集団には，三つのパターンが想定されよう．一つ目は，ポジティブな選択肢を有する集団．二つ目は，ネガティブな選択肢を有する集団．そして三つ目は，ポジティブな選択肢とネガティブな選択肢を併有する集団である．

これら想定される三つのパターンの集団それぞれを，地方自治体を事例として取り上げることで検討を進めた．神戸市，水俣市，むつ市の事例分析を通して，社会的アイデンティティ理論が示唆する集団の行動原理の有用性を検討してきた．

2　三つの事例を通して分かること

否定的な状況認識に対して地方自治体はどのように対応したのか．

まず，神戸市の事例において，否定的な状況認識に対して，ポジティブな選択肢を用いて置き換えたことが分かった．神戸市においてファッションとは，西洋的ファッションが全国に先駆けて神戸に根付いたことと，当時はファッション産業が成長産業であったというポジティブな意味を有する選択肢であった．

神戸市の事例分析の結果，次の検討課題が浮かび上がった．すなわち，否定的な状況認識に関連するネガティブな選択肢のみを有する場合，地方自治体は否定的な状況認識にどのように対処するのか，である．

　そこで，水俣病問題と不可分であった水俣市を第二事例として取り上げた．水俣市の事例において，加害と被害の併存した地方公害史というネガティブな選択肢を，地球環境問題の先行事例であると再解釈する形で，否定的な状況認識に対処したことが分かった．水俣市において生じた公害問題は，その地名を冠した水俣病として日本国内外にその名を知られた悲劇である．すなわち，水俣市における極めてネガティブな選択肢を解釈し直したのである．

　神戸市と水俣市の事例から，否定的な状況認識に関連する選択肢があれば，その選択肢がポジティブであってもネガティブであっても活用したことが分かる．そうであるならば，ポジティブな選択肢とネガティブな選択肢の双方を有する場合，地方自治体は否定的な状況認識に対してどちらの選択肢をもって対処するのか，が次の検討課題として浮かび上がった．

　そこで，むつ市を第三事例として取り上げた．むつ市には，観光客数の増加に貢献していた観光資源というポジティブな選択肢と，放射線漏れの事故を起こした原子力船というネガティブな選択肢の双方があった．むつ市内には後進性という問題認識が共有されており，この問題認識への対処方策として，最先端事業である原子力船事業を継続させた．その一方で，観光資源は前近代性を強調するものであり，後進性という問題認識への対処方策となり得なかったため，環境整備は継続しなかった．すなわち，むつ市は観光資源というポジティブな選択肢ではなく，事故さえも起こした原子力船というネガティブな選択肢をもって，「後進性」という問題認識に対処したのである．

　以上，神戸市，水俣市，むつ市の事例を通して分かったことは以下のようにまとめられる．地方自治体は，地域社会における否定的な状況認識への対処方策を講じていた．その際，ポジティブな選択肢を有する状況においては，ポジティブな選択肢をもって対処方策とした．また，ネガティブな選択肢を有する状況においては，ネガティブな選択肢をもって対処方策とした．加えて，ポジ

ティブな選択肢とネガティブな選択肢の双方を有する状況においては，否定的状況認識への対処方策として位置づけることが可能な選択肢をもって，対処方策とした．すなわち，地方自治体において，地域社会における否定的な状況認識に対処することこそが重要だったのである．

第3節　観光地たらしめるもの

1　問いへの答え

　本書の目的は，地方自治体の政策形成における論理を明らかにすることであった．事例分析を通して，地方自治体の政策形成においては心理的論理が重要であることが明らかになった．

　また，以上の目的に接近するための手掛かりとして，地方自治体は何に対して対処したのか，という問いを設定した．というのも，地方自治体は政策課題への対処方策として政策形成を行う一面があるからである．政策課題には地域社会における多様な課題群が含まれている．地域社会における多様な課題群の中でも，本書は，地域社会における心理的課題に焦点を当てたものであったが，地方自治体の政策はそうした心理的課題への対処方策としての一面が看取された．

　以上から，地方自治体は何に対して対処したのかという問いへの答えは，地域社会の心理的課題に対処した，となる．

2　理論的示唆

　以上の通り，本書は目的を達成し，その手掛かりとした問いに答えた．本書のこうした取り組みは，地方自治体が政治主体であるならば，そこには心理的動機が働いているという理論的見当に基づいたものであった．従来の政治学において，個人単位での心理的動機は自明視され，国家単位での心理的動機も強調されていた．その一方で，中間組織としての地方自治体間には価値体系の差異等はほとんど指摘されることが無く，よって心理的動機を検討するに至らな

かった.

　しかしながら，本書で明らかにしたとおり，各地方自治体はそれぞれが置かれた地域社会の心理的課題に応じた対処方策を講じていた．こうした本書の取り組みは，地方自治体の行動原理における心理的論理の重要性を示唆するものである．したがって，政治主体の心理的論理は，個人と国家に限定されることなく，地方自治体においても重要である，というのが本書の理論的示唆となる．

3　本書の限界点と今後の課題

　本書は，地方自治体の政策形成における論理を明らかにすることを目的として，その心理的論理に着目したものであった．

　その際に手掛かりとしたのが社会的アイデンティティ理論であり，本理論を地方自治体の行動原理を解釈する際に援用した．もっとも，社会的アイデンティティ理論を用いることで観察可能となるのは，不適切な状況を前提とした集団の社会的アイデンティティを操作する方策である．

　本書が地方自治体の政策形成と社会的アイデンティティ理論との関わりについて検討する際，その足掛かりとしたのは観光行政であった．三つの事例それぞれにおいて，従来の理論枠組みでは説明を与えることが困難であった観光行政に対して，社会的アイデンティティ理論が「心理的課題への心理的対処方策」という重要な示唆を与えるものであることが分かった．こうした現象は，1970 年代を中心とした日本の地方自治体に限定された現象ではないだろう．こうした現象の限界性と普遍性についての検討は本書の射程には無いものであり，今後の課題として残しておきたい．

4　おわりに：なぜネガティブにこそ固執するのか

　本書では，社会的アイデンティティ理論に手掛かりを得て，神戸市，水俣市，むつ市における地域社会の否定的な状況認識と，それへの対処方策に焦点を当ててきた．確認してきた通り，社会的アイデンティティ理論は，集団の置

かれた社会的環境に対して否定的な状況認識を有する状況における，集団の試行錯誤を説明することを可能とした理論である．であるから，神戸市，水俣市，むつ市の三つの事例においても，置かれた状況への否定的認識を強調したものとなっている．社会的アイデンティティ理論の視点を地域社会に持ち込んだために，それら事例において否定的状況認識が過度に強調されたかもしれない．

　しかしながら，地域社会における否定的な状況認識は，社会的アイデンティティ理論を持ち出すまでもなく，非常に重要なこととして提起されてきたのではないだろうか．例えば，ヒロシマやナガサキにおける原爆投下，あるいはアウシュビッツにおける強制収容所，あるいは各所にある奴隷交易所や監獄といったネガティブな事実は，負の遺産として提示されており，それらは他でも散見される．

　ただし，改めて指摘するまでもなく，それらネガティブなものに取り組むことは強制されているわけではなく，その必要性が必ずしも自明であるわけではない．さらに言えば，ネガティブを忘れ去ること，あるいはポジティブなものに集中することこそ，単純明快であり工夫の要らない作業である．そうであるにもかかわらず，人々はネガティブを正面に据えて葛藤してきた．

　そうした葛藤は自分たちの地域について考える状況においてこそ顕著なものとなるだろう．そうした自問自答する作業が観察できる形で結実したものこそが，観光ではないか．すなわち，観光とは，「私たちの町」「私たちの国・地域」「私たちの民族」等について，ネガティブなものを正面に据えて葛藤するという，自問自答する作業の暫定的な答えとして提示されたものなのではないだろうか．

　地域社会の独自性とは，ネガティブと表裏一体である．ゆえに，人はネガティブにこそ固執する．ネガティブなものに対するこうした姿勢は，非常に重要なこととして提起できよう．

　本書のこうした見方に基づけば，ネガティブをめぐる地域の展開に接近することが可能となる．例えば，他律的にネガティブを負わされたヒロシマやナガ

サキとは異なり，制御できないものとしてのネガティブを抱えることとなったフクシマがある．フクシマの中長期にわたる今後の展開こそ，ネガティブを正面に据えた自問自答が行われるのではないだろうか．

あとがき

　観光は，地域社会を揺さぶる．観光によって追いかけられるのか，あるいは追いかけるのかは時と場合による．地域社会が観光に出会ったとき，地域社会の葛藤を乗り越えさせてくれるような，何かが前に進むような景色があらわれる．また近年では，過疎化の現実や消滅の可能性を突き付けられ，対策を迫られる地方自治体が，そこに解決策を探るのは，変革への第一歩である．地域社会や地方自治体が，どう在りたいのかを自問自答する際に，観光に取り組むことで，たとえ一時でも光り輝く何かが生まれる．

　本書は，神戸大学に提出した博士論文に加筆修正を加えたものである．神戸大学大学院国際協力研究科の博士後期課程を修了したのは 2020 年 3 月のことだったが，その後は龍谷大学地域公共人材・政策開発リサーチセンターや立教大学観光学部にて研鑽を積ませていただいてきた．たいへん貴重な多くの機会を与えていただき，これまで吸収してきたことには，今の筆者があることに大きな価値がある．そのひと欠片でも，本書に匂っていれば幸いである．

　各章は，下記の通り既に公表したものを含んでいるが，本書の出版にあたり，いずれも大幅に修正を加えた．

【初出一覧】

第 1 章　「地方自治体の観光政策と社会心理学の視点」（『実験社会心理学研究』第58 巻第 2 号，147-160 頁，2019 年）を大幅に改稿．

第 2 章　"Transformation of an Industrial City into a Fashion City: Development Policy and City Identity"（Research Center for Interdisciplinary studies in Religion, Science and Humanities. *Ryukoku Journal of Peace and Sustainability.* Vol.1, pp.1-12, 2021.）を大幅に改稿．

　　　　「神戸市によるファッション都市事業開始後の地域社会における神戸

像：社会科副読本に着目して」（『立教大学観光学部紀要』第 24 号，73-80 頁，2022 年）に加筆・修正.

第 3 章　「地方自治体の観光政策と社会心理学の視点」（『実験社会心理学研究』第 58 巻第 2 号，147-160 頁，2019 年）を大幅に改稿.

　　　　「水俣市における教育旅行：水俣病への説明変化に着目して」（『日本観光研究学会全国大会学術論文集』第 33 号，9-12 頁，2018 年）に加筆・修正.

第 4 章　「むつ市と恐山イタコ観光：地域像に着目して」（『国際協力論集』第 27 巻第 1 号，139-155 頁，2019 年）を大幅に改稿.

第 5 章　書き下ろし.

　また，各章や本書全体の議論に対して，国内外の学会や研究会での報告の場で，大変貴重な指摘を賜ってきた．筆者の力不足ゆえに，書ききれなかったことは多くある．今後の課題として残したい．

　筆者は，兵庫県内の高校を卒業した後，同志社大学政策学部に入学した．同志社大学での授業やサークル活動では多くの優秀な友人に恵まれた．2 年生の秋学期から始まったゼミでは，井口貢先生のもとで地域文化や観光の学術研究に触れた．多作で知られる井口先生は，いつも地域に生きる人々について熱心にお話しされていた．今にして思えば，筆者の地域社会に対する世界観は，この頃に形作られていた．

　その後，神戸大学大学院国際協力研究科にて学術研究の基礎を教えていただいた．何よりも，指導教員の松並潤先生に忍耐強く育成していただいたことが，筆者の研究者人生において幸運であったと思う．それは後に大学教員となった筆者の，教員として学生に向き合う姿勢の手本となっている．後期課程 1 年の頃，筆者が根拠なしになぜか主張した「地域にはドラマがあると思うんです」を受け止めきった松並先生は，大学院教員の鑑なのではないかと拝察する．

　また，後に副査を務めていただくことになる木村幹先生には，いつも前向きに指導していただいた．迷える院生達を的確に指導する木村先生のもとでは，

既に幾人もの研究者が育っていた．近からず遠からずといった先輩方の背中を追いかけることで，筆者は大学院生活を走りぬくことができた．

同じく副査を務めていただいた土佐弘之先生は，静かで鋭い雰囲気だった．博士論文の複数回にわたる事前審査や口頭試問の際に，土佐先生から現実社会を見るように促す，その後の研究活動にも活きる助言を賜った．

ほかにも，大学院でともに勉強した院生達との交流が無くては，筆者の今日はないことを記しておきたい．神戸大学大学院の国際協力研究科は独立大学院であり学部と連続していない．ここの院生は研究活動という目的のもと，それまでとは異なる環境に身を置いた人達である．出身大学も，出身学部も，社会人経験の有無も，修了後の計画も一人ひとり異なっており，何かと頼もしい面々だった．へこたれない強さを持っていた．また院生の半数は世界中から集ったトップレベルの優秀な留学生達だった．いま思えば，この研究科だったからこそ，筆者は成長したのだと思う．

大学院を修了した後，龍谷大学の地域公共人材・政策開発リサーチセンターにて博士研究員として勤務する幸運を得た．採用面接の際，地域政策の専門家である先生方を前にして，地域社会と地方自治体について必死に語ったことが思い出される．当リサーチセンターが携わる様々な企画を通して，学問と実社会の協働が実現する様子を目の当たりにし，研究の社会的意義を知った．

その後，立教大学観光学部の助教に着任した．観光学といえば，日本では立教大学観光学部の存在感が非常に際立っている．ここで学んだ学生は国内外への強い関心と変わりゆく社会への柔軟な思考を持ち合わせており，観光業をはじめ将来性が大きく期待される業界から求められる．筆者は観光学部の教育に携わる中で，優秀な学生と卒業生の存在が観光学部をさらに際立たせてゆくさまに感嘆している．また，大学院の観光学研究科は，観光学の博士を輩出してきた名門である．本学観光学研究科にて生み出される，院生の意欲的な研究を見るにつけ，自由であれと高らかに説く立教大学の本領を感じ取っている．

2024年4月，本書の原稿は「第七回　髙島國男自遊賞」を受賞した．本書の出版に際して「第七回 髙島國男自遊賞」（主催：（有）京都出版センター）の出版助

成を受けた．審査員の先生方にご審査いただいたことは，今後の人生において
も二度とない光栄である．

　これまで，受賞の類には縁のないキャリアだと思っていた筆者が，このよう
な大変栄誉ある賞を受賞した．京都市内で行われた授賞式の翌日，筆者は同志
社大学の今出川キャンパスを歩いた．目的があったわけではなく，ただそこを
歩きたかった．桜の花が満開を迎えるなか，新入生の歓迎イベントが行われて
いた．その様子を眺めていると，筆者が同志社大学に入学し，勉強していた頃
のことが思い起こされた．学部生として学術研究の一端に触れ，筆者はここで
たしかに何かに強く惹かれたのだ．研究の旅路は，ここから，始まったのだ．

　いま，ようやく気付いたことがある．純粋に関心を探究し，現場や大学を渡
り歩き，研究の聴衆・読者を探して駆けてきた日々は，これまでずっと春の日
差しに照らされていたのだと．大変多くの方々から，知らず知らずあたたかい
眼差しを向けていただいてきたのだと．この至らぬ筆者から，全てに感謝を伝
えたい．そして僭越ながら，次世代の研究者が春の日差しを存分に謳歌されん
ことを願っている．

　本書は，観光関連書を多く出版してきた晃洋書房から出版させていただい
た．編集部の徳重伸さんには，大変お世話になった．出版計画が思うように進
まずとも，筆者に落ち込む隙を与えなかった．本書の進むべき的確な方向性を
見事に指し示してくださったのは，徳重さんをはじめ，晃洋書房の皆様に他な
らない．心より感謝申し上げる．

　ゆたかな，地域社会に生きるあなたへ

　2025 年 1 月

宮﨑友里

参考文献一覧

日本語文献

間場寿一 (1998)「地方文化と自治」間場寿一 (編)『地方文化の社会学』世界思想社，178-200 頁.

間場寿一 (編) (1998)『地方文化の社会学』世界思想社.

青森県環境生活部自然保護課 (1998)「下北半島国定公園指定 30 周年を迎えて」『国定公園』第 565 号，4 頁.

青森県史編さん近現代部会 (2003)『青森県史資料編近現代 2：日清・日露戦争期の青森県』青森県.

─── (2005)『青森県史資料編近現代 4：昭和恐慌から「北の要塞」へ』青森県.

─── (2014)『青森県史資料編近現代 6：高度経済成長期の青森県』青森県.

赤井伸郎・佐藤主光・山下耕治 (2003)『地方交付税の経済学：理論・実証に基づく改革』有斐閣.

秋吉貴雄・伊藤修一郎・北山俊哉 (2010)『公共政策学の基礎』有斐閣.

天川晃 (1986)「変革の構想：道州制の文脈」大森彌・佐藤誠三郎 (編)『日本の地方政府』東京大学出版会.

安藤清志・村田光二・沼崎誠 (編) (2009)『新版社会心理学研究入門』東京大学出版会.

五百旗頭薫・佐藤健太郎・稲吉晃 (2015)「港から原発へ："ロカロカ"敦賀のガバナンス」宇野重規・五百旗頭薫 (編)『ローカルからの再出発：日本と福井のガバナンス』，有斐閣，317-340 頁.

五十嵐冨秀英 (1977)『「むつ」漂流：ある国家プロジェクトの軌跡』日本経済新聞社.

石川武志 (2012)『MINAMATA NOTE 1971~2012：私とユージン・スミスと水俣』千倉書房.

石田雄 (1983)「水俣における差別と抑圧の構造」色川大吉 (編)『水俣の啓示：不知火海総合調査報告 (上)』筑摩書房，39-90 頁.

石牟礼道子 (1972)『苦海浄土：わが水俣病』講談社.

伊藤修一郎 (2002)「自治体政策過程と情報：「社会情報」の視点からの再構成の試み」『群馬大学社会情報学部研究論集』第 9 巻，83-92 頁.

─── (2003)「景観まちづくり条例の展開と相互参照」『自治研究』第 79 巻第 3 号，97-112 頁.

─── (2005)「政策革新と政府間関係：景観条例・景観法制定をめぐる中央地方関係」『群馬大学社会情報学部研究論集』第 12 巻，69-88 頁.

─── (2006)『自治体発の政策革新：景観条例から景観法へ』木鐸社.

─── (2011)『政策リサーチ入門：仮説検証による問題解決の技法』東京大学出版会.

伊藤光利・田中愛治・真渕勝 (2000)『政治過程論』有斐閣.

稲継裕昭 (2000)『人事・給与と地方自治』東洋経済新報社.

稲継裕昭・山田賢一 (2011)『行政ビジネス』東洋経済新報社.

稲吉晃 (2014)『開港の政治史：明治から戦後へ』名古屋大学出版会.

今村都南雄・武藤博己・真山達志・武智秀之 (1999)『ホーンブック行政学』北樹出版，改訂版.

色川大吉 (編) (1983)『水俣の啓示：不知火海総合調査報告 (上)』筑摩書房.

色川大吉 (1996)「『企業城下町』水俣の民俗」佐高信 (編)『会社の民俗』小学館，95-114 頁.

宇井純 (1968)『公害の政治学：水俣病を追って』三省堂.

ヴィヴィオルカ，ミシェル著，宮島喬・森千香子訳 (2009)『差異：アイデンティティと文化の政治学』法政大学出版局.

上田誠 (2016)「観光政策における政策アクターの多様性と相互関係」真山達志 (編)『政策実施の理論と実像』ミネルヴァ書房，219-239 頁.

宇野重規 (2009)「釜石市長としての鈴木東民：地域の福祉政治とローカル・アイデンティティ」東大社研・玄田有史・中村尚史 (編)『希望学 2　希望の再生：釜石の歴史と産業が語るもの』東京大学出版会，109-144 頁.

宇野重規・五百旗頭薫 (編) (2015)『ローカルからの再出発：日本と福井のガバナンス』有斐閣.

頴原澄子 (2016)『原爆ドーム：物産陳列館から広島平和記念碑へ』吉川弘文館.

江尻弘 (1974)『ファッション産業のゆくえ：アメリカ企業の行動と日本の展望』日本実業出版社.

─── (1980)『文化産業の時代：文化の工業化とアパレル』東洋経済新報社.

─── (1981)『ファッション都市とファッション産業への道』神戸市企画局.

遠藤由美 (1999)「『自尊感情』を関係性からとらえ直す」『実験社会心理学』第 39 巻第 2 号，150-167 頁.

大堀研 (2009)「グリーン・ツーリズムが育てるもの」東大社研・玄田有史・中村尚史 (編)『希望学 2　希望の再生：釜石の歴史と産業が語るもの』東京大学出版会，269-299 頁.

─── (2010)「ローカル・アイデンティティの複合性：概念の使用法に関する検討」東京大学社会科学研究所，『社会科学研究』第 61 巻第 5・6 号，143-158 頁.

─── (2011)「自治体戦略としての『ローカル・アイデンティティの再構築』」，『社会学年報』第 40 巻，23-33 頁.

─── (2012)「『大きなまちづくり』の後で：釜石の『復興』に向けて」赤坂憲雄・小熊英二 (編)『「辺境」からはじまる：東京／東北論』明石書房，159-185 頁.

大道晴香 (2012)「恐山菩提寺を〈イタコ寺〉にしたのは誰か：マス・メディアの"共犯者"としての地方自治体」『蓮花寺佛教研究所紀要』第 5 号，206-180 頁.

─── (2013a)「表象の消費と霊場恐山の変容：『東奥日報』『デーリー東北』の「恐山大祭」関連記事を手掛かりとして」『文化／批評』第 5 号，38-70 頁.

─── (2013b)「大衆文化としての〈イタコ〉：一九七〇～八〇年代のオカルトブームをめ

ぐって」『宗教研究』第 87 巻第 1 号，105-129 頁.

─────（2015）「マス・メディアのまなざしと自己表象の再編：「自文化」としての〈恐山信仰〉をめぐって」『國學院雑誌』第 116 巻第 11 号，188-210 頁.

─────（2016a）「霊場恐山の近代化：大正期の『観光化』をめぐって」『文化／批評』第 7 号，22-45 頁.

─────（2016b）「恐山の脱地域化と口寄せの変容」『蓮花寺佛教研究所紀要』第 9 号，237-271 頁.

─────（2017）『「イタコ」の誕生：マスメディアと宗教文化』弘文堂.

大森彌・佐藤誠三郎（編）（1986）『日本の地方政府』東京大学出版会.

岡田一郎（2016）『革新自治体』中央公論社.

緒方学（1985）「神戸のファッション産業」神戸都市問題研究所（編）『都市政策』第 41 号，30-46 頁.

尾関美喜・吉田俊和（2012）「集団アイデンティティ形成による集団実体化過程モデルの提唱：マルチレベルの視点から」『実験社会心理学研究』第 51 巻第 2 号，130-140 頁.

加賀勝雄（1971）「失効した"巨大開発"の呪力」『朝日ジャーナル』第 13 巻第 43 号，105-110 頁.

柿崎素弘（1967）「序」下北社会科教育研究会（編）『下北の郷土資料』.

柿本敏克（1997）「社会的アイデンティティ研究の概要」『実験社会心理学研究』第 37 巻第 1 号，97-108 頁.

─────（2001）「集団間関係研究のコミュニケーション論的位置づけ」『群馬大学社会情報学部研究論集』第 8 巻，79-92 頁.

春日雅司（1996）『地域社会と地方政治の社会学』晃洋書房.

加藤秀二郎・岩渕美克（編）（2013）『政治社会学』一藝社，第 5 版.

加藤美穂子（2003）「地方財政における政治的要因の影響：地方歳出と地方の政治的特性に関する計量分析」『関西学院経済学研究』第 34 号，261-285 頁.

金井俊之（2012）『原発と自治体』岩波書店.

神奈川県自治総合研究センター（編）（2007）『自治体学研究：自治体の観光政策を考える』第 94 号，神奈川県自治総合研究センター・研究部.

加茂利男・大西仁・石田徹・伊藤恭彦（2012）『現代政治学』有斐閣，第 4 版.

亀ヶ谷雅彦（1994）「『政治心理学』誌にみる学際化の進展」『社会心理学研究』第 10 巻第 2 号，134-146 頁.

亀田達也・村田光二（2010）『複雑さに挑む社会心理学』有斐閣，改訂版.

唐沢かおり・戸田山和久（編）（2012）『心と社会を科学する』東京大学出版会.

川上耕（1998）「新潟における水俣病資料館の建設」『水情報』第 18 巻第 6 号，7-11 頁.

川本輝夫（2006）『水俣病誌』世織書房.

環境創造みなまた実行委員会（1995）『再生する水俣』葦書房.

観光資源保護財団（編）（1977）『さいはての霊場恐山：信仰と観光の接点を探る』観光資源保護財団.

菊池隆（1967）「社会厚生と失業対策：むつ市」下北社会科教育研究会編『下北の郷土資料』72-75 頁.

北山俊哉（2011）『福祉国家の制度発展と地方政府：国民健康保険の政治学』有斐閣.

金政芸（2011）「ナショナル・アイデンティティと他国意識：自国への愛着・自国優越意識・自国特別意識と他国への好感度」『同志社大学社会学研究』第 15 号，13-24 頁.

九学会連合下北調査委員会（編）（1989）『下北：自然・文化・社会』平凡社，復刻版（初版は 1967 年出版）.

楠正弘（1966）「恐山信仰の構造について」『人類科学』第 18 号，195-219 頁.

―――（1968）『下北の宗教』未来社.

―――（1984）『庶民信仰の世界：恐山信仰とオシラサン信仰』未来社.

―――（1989）「下北の宗教」九学会連合下北調査委員会（編）『下北：自然・文化・社会』平凡社，復刻版，238-292 頁（初版は 1967 年出版）.

工藤秀明（1967）「下北の地域性」下北社会科教育研究会（編）『下北の郷土資料』，1-4 頁.

久保はるか（2012）「地球環境政策：温暖化対策の変容と政界再編：省庁再編」森田朗・金井俊之（編）『政策変容と制度設計：政界省庁再編前後の行政』ミネルヴァ書房，133-178 頁.

熊本県高等学校社会科研究会（1974）『熊本県の歴史散歩』山川出版社.

熊本県小学校教育研究会社会科部会（編）（1982）『熊本の歴史ものがたり』日本標準.

熊本日日新聞社（編）（2008）『水俣から，未来へ』岩波書店.

栗田宣義（編）（1994）『政治心理学リニューアル』学文社.

―――（1994）『政治社会学リニューアル』学文社.

栗原彬（編）（2000）『証言　水俣病』岩波書店.

原爆症認定訴訟熊本弁護団（2011）『水俣の教訓を福島へ：水俣病と原爆症の経験をふまえて』共栄書房.

神戸市経済局貿易課（編）（1988）『第 40 回神戸市貿易実態調査報告書』神戸市経済局貿易課.

神戸市市長総局（1988）『市政白書 '88』神戸市企画局調査部.

神戸商工会議所（1978）『神戸のファッション産業の現況』.

神戸市小学校研修部（編）（1956）『わたしたちの神戸』立川文明堂.

神戸市小学校教育研究会社会科部（編）（1977）『わたしたちの神戸市』大和出版印刷 KK.

―――（1978）『わたしたちの神戸市』大和出版印刷 KK.

―――（1982）『わたしたちの神戸市』神戸市健康教育公社文化事業部.

―――（1985）『わたしたちの神戸市 3 年』神戸市健康教育公社.

―――（1985）『わたしたちの神戸市 4 年』神戸市健康教育公社.

―――（1995）『わたしたちのまち神戸 3 年』神戸スポーツ教育公社.

―――（1995）『わたしたちの神戸市 4 年』神戸市スポーツ教育公社.

―――（2001）『わたしたちのまち神戸 3 年』神戸市体育協会.

―――（2001）『わたしたちの神戸市 4 年』神戸市体育協会.

―――（2002）『わたしたちの神戸 3・4 年』神戸市体育協会.

参考文献一覧　*155*

─────（2011）『わたしたちの神戸 3・4 年』神戸市教育委員会.

─────（2014）『わたしたちの神戸 3・4 年』神戸市教育委員会.

─────（2016）『わたしたちの神戸 3・4 年』神戸市教育委員会.

神戸市立中学校教育研究会社会科研究部（1985）『私たちの神戸』神戸市健康教育公社.

─────（1995）『私たちの神戸』神戸市スポーツ教育公社.

─────（1997）『私たちの神戸』神戸市スポーツ教育公社.

─────（1999）『私たちの神戸』神戸市体育協会.

─────（2000）『私たちの神戸』神戸市体育協会.

─────（2001）『私たちの神戸』神戸市体育協会.

─────（2011）『私たちの神戸』神戸市教育委員会事務局指導部指導課.

神戸市立博物館（編）（2005）『描かれた神戸物語：源平合戦から港街・異人館まで』神戸市立博物館.

神戸都市問題研究所（編）（1989）『ファッション都市の理論と実践』勁草書房.

小坂井敏晶（2002）『民族という虚構』東京大学出版会.

後藤健太郎（2014）「わが国の観光計画に関する研究：戦後以降に策定された都道府県の観光計画を対象として」日本交通公社『観光文化』，第 38 巻第 1 号，38-41 頁.

後藤健太郎・梅川智也（2008）「地方自治体の観光関連条例に関する基礎的研究」『日本観光研究学会第 23 回全国大会論文集』313-316 頁.

小林栄（1971）「恐山参拝者宗教調査」関西学院大学『神學研究』43-84 頁.

小林直毅（編）（2007）『「水俣」の言説と表象』藤原書店.

向山恭一（2014）「アイデンティティと差異：政治哲学の〈文化的転回〉をめぐって」川崎修（編）『政治哲学と現代』岩波書店，153-172 頁.

佐々木洋「下北半島争奪戦と巨大開発のゆくえ：むつ小川巨大開発と農・漁民の対応」『農林統計調査』第 22 巻第 1 号，54-59 頁.

佐々木毅（1989）『現代政治学の名著』中央公論社（中公新書）.

里地ネットワーク（編）（2000）『みなまたの歩き方：豊かな自然と山の幸・海の幸……そしてすてきな人びと』合同出版.

ジェイン，ブルネンドラ著，今村都南雄監訳（2009）『日本の自治体外交』敬文堂.

塩田正志（1972）「地域経済と観光開発：その理論的系譜と現代的意義」『アジア大学経営論集』第 8 巻，37-48 頁.

下北史談会編（1965a）『うそり』第 1 巻，下北史談会.

─────（1965b）『うそり』第 2 巻，下北史談会.

─────（1966）『うそり』第 3 巻，下北史談会.

─────（1967）『うそり』第 4 巻，下北史談会.

─────（1968）『うそり』第 5 巻，下北史談会.

─────（1969）『うそり』第 6 巻，下北史談会.

─────（1970）『うそり』第 7 巻，下北史談会.

─────（1971）『うそり』第 8 巻，下北史談会.

下北社会科教育研究会（編）（1967）『下北の郷土資料』下北社会科教育研究会.

─────（1980）『わたしたちの下北　昭和55年度版』下北社会科教育研究会.

─────（1981）『わたしたちの下北』下北社会科教育研究会.

─────（1984）『わたしたちの下北　昭和59年改訂版』下北社会科教育研究会.

─────（1991）『わたしたちの下北　平成3年全面改訂版』下北社会科教育研究会.

─────（1993）『わたしたちの下北　平成5年部分改訂版』下北社会科教育研究会.

─────（1998）『わたしたちの下北　平成10年全面改定版』下北社会科教育研究会.

下北の歴史と文化を語る会（編）（1972-2014）『うそり』第9巻-第50巻，下北の歴史と文化を語る会.

申賀謙太朗（1967）「まえがき」下北社会科教育研究会（編）『下北の郷土資料』.

進藤卓也（2002）『奈落の舞台回し：吉井正澄聞書』西日本新聞社.

新藤宗幸（編）（1989）『自治体の政府間関係』学陽書房.

末永俊郎（1988）「日本における社会心理学の歴史と現状」『実験社会心理学研究』第28巻第1号，81-82頁.

杉浦瞳・坂田桐子・清水裕士（2015）「集団間と集団内の地位が内・外集団の評価に及ぼす影響：集団間関係の調整効果に着目して」『実験社会心理学研究』第54巻第2号，101-111頁.

杉万俊夫（編）（2006）『コミュニティのグループ・ダイナミクス』京都大学学術出版会.

杉山粛（2001）「わが町を語る：夢と創造性をはぐくむまち　むつ市」防衛施設周辺整備協会『調和』第80号，47-50頁.

─────（2003）「市政ルポ　市民の夢をはぐくむ国際海洋科学研究都市：目指すは地球規模の発信機能　むつ市（青森県）(1)」全国市長会『市政』第52巻第11号，100-109頁.

砂原庸介（2006）「地方政府の政策選択：現状維持点（Status Quo）からの変化に着目して」『年報行政研究』第41号，154-172頁.

宗前清貞（2005）「政策過程における専門情報の強度：公立病院改革を題材に」『政策科学・国際関係論集』第7号，195-242頁.

曽我謙吾・待鳥聡史（2000）「地方政治研究のための一視角：知事─議会関係による分類の試み」『自治研究』第76巻第7号，94-111頁.

─────（2001）「革新自治体の終焉と政策変化」『年報行政研究』第36号，156-176頁.

─────（2007）『日本の地方政治：二元代表制政府の政策選択』名古屋大学出版会.

曽我謙悟（2008）「政府間ガバナンスに関する最近の研究動向」『年報政治学』（2008-Ⅱ），144-165頁.

大坊郁夫・安藤清志・池田謙一（編）（1990）『社会心理学パースペクティブ2：人と人とを結ぶとき』誠信書房.

高野絵理佳（2010）「ファッション戦略にまちおこし　行政，地元企業の連携で一大イベントに：神戸市」『地方行政』10132号，時事通信社，12-13頁.

高松敬吉（1993）『巫俗と他界観の民俗学的研究』法政大学出版局.

高峰武（編）（2013）『水俣病小史』熊本日日新聞，増補第3版.

参考文献一覧　*157*

高寄昇三（1989）「ファッション都市論」神戸都市問題研究所（編）『ファッション都市の理論と実践』勁草書房，3-15 頁.

─── （1992a）『宮崎神戸市政の研究：第 2 巻公共デベロッパー編』神戸都市問題研究所.

─── （1992b）『宮崎神戸市政の研究：第 4 巻都市政治論』神戸都市問題研究所.

─── （1993）「神戸ファッションシティの形成」森野美徳（編）『地域の活力と魅力』ぎょうせい，54-74 頁.

武井宏之（2002a）「恐山ル・ヴォワール」第 163 話『シャーマンキング』集英社，第 19 巻，29-48 頁.

─── （2002b）「恐山ル・ヴォワールⅡ」第 164 話『シャーマンキング』集英社，第 19 巻，49-72 頁.

─── （2002c）「恐山ル・ヴォワールⅢ」第 165 話『シャーマンキング』集英社，第 19 巻，73-92 頁.

─── （2002d）「恐山ル・ヴォワールⅣ」第 166 話『シャーマンキング』集英社，第 19 巻，93-112 頁.

─── （2002e）「恐山ル・ヴォワールⅤ」第 167 話『シャーマンキング』集英社，第 19 巻，113-132 頁.

─── （2002f）「恐山ル・ヴォワールⅥ」第 168 話『シャーマンキング』集英社，第 19 巻，133-152 頁.

─── （2002g）「恐山ル・ヴォワールⅦ」第 169 話『シャーマンキング』集英社，第 19 巻，153-172 頁.

─── （2002h）「恐山ル・ヴォワールⅧ」第 170 話『シャーマンキング』集英社，第 19 巻，173-191 頁.

─── （2002i）「恐山ル・ヴォワールⅨ」第 171 話『シャーマンキング』集英社，第 20 巻，7-28 頁.

─── （2002j）「恐山ル・ヴォワールⅩ」第 172 話『シャーマンキング』集英社，第 20 巻，29-52 頁.

─── （2002k）「恐山ル・ヴォワール XI」第 173 話『シャーマンキング』集英社，第 20 巻，53-72 頁.

─── （2002l）「恐山ル・ヴォワール XII」第 174 話『シャーマンキング』集英社，第 20 巻，73-90 頁.

─── （2002m）「恐山ル・ヴォワール XIII」第 175 話『シャーマンキング』集英社，第 20 巻，91-110 頁.

─── （2002n）「恐山ル・ヴォワール XIV」第 176 話『シャーマンキング』集英社，第 20 巻，111-132 頁.

竹内利美（1986）『下北の村落社会：産業構造と村落体制』未来社.

竹西正典・竹西亜古（2006）「手続き的公正の集団価値性と自己価値性：向集団行動および自尊感情における社会的アイデンティティ媒介モデルの検討」『社会心理学研究』第 22 巻第 2 号，198-220 頁.

武智秀之（2002）「自治体間競争と格付け・認証」松下圭一・西尾勝・新藤宗幸（編）『自治体の構想：機構』

田口一博（2012）「観光政策：反復する政策再編と組織の拮抗」森田朗・金井俊之（編）『政策変容と制度設計：政界・省庁再編前後の行政』ミネルヴァ書房，237-260 頁.

田中誠一（1985）『むつ市史』津軽書房.

谷川健一（編）（1989）『巫女の世界』三一書房.

谷聖美（2015）「広域コミュニティの終わりなき物語を求めて：福井県，知事，ガバナンス」宇野重規・五百旗頭薫（編）『ローカルからの再出発：日本と福井のガバナンス』有斐閣，173-196 頁.

谷本真規（2011）「神戸ファッション美術館：ファッション都市『神戸』が生んだ新しいタイプの美術館」『繊維機械雑誌』第 64 巻第 4 号，247-250 頁.

田村明（2000）『自治体学入門』岩波書店.

田村健一（2006）「現代日本の地方財政：党派性の視点から」『早稲田政治広報研究』第 82 号，1-30 頁.

千葉眞（1996）「デモクラシーと政治の概念：ラディカル・デモクラシーにむけて」『思想』岩波書店，5-24 頁.

辻陽（2002a）「日本の地方制度における首長と議会との関係についての一考察（1）」『法学論叢』第 151 巻第 6 号，99-119 頁.

――――（2002b）「日本の地方制度における首長と議会との関係についての一考察（2・完）」『法学論叢』第 152 巻第 2 号，107-135 頁.

――――（2006）「地方議会の党派構成・党派連合：国政レベルの対立軸か，地方政治レベルの対立軸か」『近畿大学法学』第 54 巻第 2 号，128-172 頁.

辻村明（1984）『地域の誇り：文化逆流の時代』中央公論社.

――――（2001）『地方都市の風格：歴史社会学の試み』東京創元社.

土本典昭（1988）『水俣映画遍歴：記録なければ事実なし』新曜社.

都留重人（編）（1989）『水俣病事件における真実と正義のために：水俣病国際フォーラム（1988 年）の記録』勁草書房.

手塚治虫（1974）「ブラック・ジャック」第 46 話・死神の化身，『週刊少年チャンピオン』1974 年 10 月 28 日号，55-74 頁.

――――（1975）『ブラック・ジャック』第 29 話「しずむ女」，秋田書店，第 4 巻，25-46 頁.

――――（1977）『ブラック・ジャック』第 89 話「ふたりのピノコ：『緑柱石』より」，秋田書店，第 10 巻，49-84 頁.

寺﨑新一郎（2018）「博士学位申請論文審査報告書：カントリー・バイアスの多層的構造が認知メカニズムに及ぼす効果――社会的アイデンティティ理論の視点から――」早稲田大学大学院商学研究科『商学研究科紀要』第 87 号，197-206 頁.

寺床幸雄・梶田真（2016）「地方都市の現在とこれから：水俣市から考える」『地学雑誌』第 125 巻第 4 号，607-626 頁.

寺前秀一（2007）『観光政策学：政策展開における観光基本法の指針性及び観光関係法制度の

規範性に関する研究』イプシロン出版企画.

─────（2009）「国土政策と人流・観光：全総神話の発生と消滅」高崎経済大学地域政策学会『地域政策研究』第 11 巻第 4 号，39-58 頁.

寺前秀一（編）（2009）『観光政策論』原書房.

ドイッチ，モートン著，杉田千鶴子訳（1995）『紛争解決の心理学』ミネルヴァ書房.

東大社研・玄田有史（編）（2013）『希望学　あしたの向こうに：希望の福井，福井の希望』東京大学出版会.

東大社研・玄田有史・中村尚史（編）（2009）『希望学 2　希望の再生：釜石の歴史と産業が語るもの』東京大学出版会.

富沢このみ（1980）『アパレル産業』東洋経済新報社.

中川裕美・横田晋大・中西大輔（2015）「実在集団を用いた社会的アイデンティティ理論および閉ざされた一般互酬仮説の妥当性の検討：広島東洋カープファンを対象とした場面想定法実験」日本社会心理学会『社会心理学研究』第 30 巻第 3 号，153-163 頁.

中谷義和（2005）『アメリカ政治学史序説』ミネルヴァ書房.

永松俊雄（2007）『チッソ支援の政策学：政府金融支援措置の軌跡』成文堂.

長沼石根（1971）「不毛の"説得集会"とその周辺」『朝日ジャーナル』第 13 巻第 43 号，110-116 頁.

中村（笹本）雅子（1997）「多文化教育と『差異の政治』」『教育学研究』第 64 巻第 3 号，281-289 頁.

中村尚史（2009）「記憶の源流：釜石地域の近代史」東大社研・玄田有史・中村尚史（編）『希望学 2　希望の再生：釜石の歴史と産業が語るもの』東京大学出版会，27-60 頁.

仲村政文（1975）「水俣市におけるチッソの地域支配の構造と特質：独占企業の資本展開と地方都市の変貌に関する一考察」河野健二（編）『地域社会の変貌と住民意識』日本評論社.

中村亮嗣（1973a）「キャンパスと原子力（一）」今村侃（編）『下北文化』創刊号，44-48 頁.

─────（1973b）「キャンパスと原子力（二）」竹浪和夫（編）『下北文化』第 2 号，40-45 頁.

─────（1973c）「キャンパスと原子力（三）」竹浪和夫（編）『下北文化』第 3 号，35-40 頁.

─────（1974a）「キャンパスと原子力（四）」竹浪和夫（編）『下北文化』第 4 号，32-37 頁.

─────（1974b）「キャンパスと原子力（五）」竹浪和夫（編）『下北文化』第 5 号，35-41 頁.

─────（1975a）「キャンパスと原子力（六）」下北文化編集委員会（編）『下北文化』第 6 号，32-38 頁.

─────（1975b）『キャンパスと原子力：原子力船"むつ"をめぐる住民運動のレポート』日本科学者会議青森県支部下北分会.

─────（1977）『ぼくの町に原子力船がきた』岩波書店.

名取良太（2004）「府県レベルの利益配分構造：地方における政治制度と合理的行動」大都市圏選挙研究班『大都市圏における選挙・政党・政策：大阪都市圏を中心に』関西大学法学研究所研究叢書.

鳴海健太郎（1967）『下北半島主要文献目録』下北史談会.

縄田健悟（2013）「集団間紛争の発生と激化に関する社会心理学的研究の概観と展望」『実験社

会心理学研究』第 53 巻第 1 号，52-74 頁.

難波江和英，内田樹（2004）『現代思想のパフォーマンス』光文社.

西尾勝（1983）「新々中央集権と自治体の選択」『世界』第 451 号，100-111 頁.

西尾隆（編）（2004）『住民・コミュニティとの協働』ぎょうせい.

日本交通公社（編）（1998）「都道府県に拠る観光計画策定の意義と動向」『旅行年報 1998』日本交通公社.

日本社会心理学会（編）（2009）『社会心理学事典』丸善株式会社.

野村康（2017）『社会科学の考え方：認識論，リサーチ・デザイン，手法』名古屋大学出版会.

灰谷健次郎（1978）『太陽の子』理論社.

羽江忠彦・土井文博・大野哲夫（2004）「水俣病問題をめぐる子ども市民の意識とおとな市民意識の変遷」原田正純・花田昌宣（編）『水俣学研究序説』藤原書店，241-269 頁.

蓮見音彦・似田貝香門・矢澤澄子（編）（1990）『都市政策と地域形成：神戸市を対象に』東京大学出版会.

濱下武志・辛島昇（編）（1997）『地域史とは何か』山川出版社.

浜野安弘（1992）『ファッション都市の創造』東急エージェンシー.

原田正純（1972）『水俣病』岩波書店.

―――― (1985a)『水俣病は終っていない』岩波書店.

―――― (1985b)『水俣病にまなぶ旅：水俣病の前に水俣病はなかった』日本評論社.

―――― (2007)『水俣への回帰』日本評論社.

原田正純（編）（2004）『水俣学講義』日本評論社.

平野浩（2002）「政党支持概念の再検討：社会的アイデンティティ理論によるアプローチ」『学習院大学法学会雑誌』第 38 巻第 1 号，1-23 頁.

―――― (2009)「政治制度と社会心理学」日本社会心理学会編『社会心理学事典』544-545 頁.

フェルドマン，オフェル（1989）『人間心理と政治：政治心理学入門』早稲田大学出版部.

―――― (2006)『政治心理学』ミネルヴァ書房.

深見聡（2014）『ジオツーリズムとエコツーリズム』古今書院.

福島賢二（2009）「『参加民主主義』による教育機会の平等論の構築：I. M. ヤングと K. ハウの『正義』・『平等』概念を中心にして」『日本教育行政学会年報』第 35 巻，96-112 頁.

福武直（編）（1965a）『地域開発の理想と現実 I：百万都市建設の現実と実態』東京大学出版会.

―――― (編)（1965b）『地域開発の理想と現実 II：新産業都市への期待と現実』東京大学出版会.

―――― (編)（1965c）『地域開発の理想と現実 III：鉱業都市化のバランス・シート』東京大学出版会.

福光直美（2015）「合併自治体への愛着形成と自治体広報に関する研究：社会的アイデンティティ理論の視座から」修士論文（広島大学）.

―――― (2016)「合併自治体への愛着と自治体広報：社会的アイデンティティ理論による検討」日本地方自治研究学会『地方自治研究：日本地方自治研究学会誌』第 31 巻第 1 号，

13-28 頁.

藤田正 (2009)『地域のグループダイナミックス：経営心理学から『安威郷土史』を読む』ナカニシヤ出版.

本間道子 (2011)『集団行動の心理学：ダイナミックな社会関係のなかで』サイエンス社.

前田哲男 (1967)「『下北の歴史を語る夕べ』下北半島市の問題点」下北史談会 (編)『うそり』第 4 号, 58-63 頁.

政野淳子 (2013)『四大公害病：水俣病, 新潟水俣病, イタイイタイ病, 四日市公害』中央公論新社.

町村敬志 (1990)「産業構造の展開と地域開発の展開：先取された『都市構造再編』モデルとしての神戸」蓮見音彦・似田貝香門・矢澤澄子 (編)『都市政策と地域形成：神戸市を対象に』東京大学出版会, 57-78 頁.

松崎友世・本間道子 (2005)「低地位集団のネガティブな社会的アイデンティティ対処方略としての新しい次元比較方略」『実験社会心理学研究』第 44 巻第 2 号, 98-108 頁.

松崎友世 (2010)『地位の異なる集団間関係における肯定的社会的アイデンティティの獲得：日本の看護職集団 (正看護師・准看護師) の集団間関係を通して』大東文化大学経営研究所.

松並潤 (2004)「『革新』自治体の政策支出」大都市圏選挙研究班『大都市圏における選挙・政党・政策：大阪都市圏を中心に』関西大学法学研究所研究叢書.

真渕勝 (2009)『行政学』有斐閣.

―――― (2015)『風格の地方都市』慈学選書.

丸山定巳 (1985)「企業と地域形成：チッソ (株) と水俣」熊本大学『法学部論叢』第 16 号, 19-47 頁.

―――― (1998)「水俣市立水俣病資料館の経緯と意義」『水情報』第 18 巻第 6 号, 3-6 頁.

丸山正次 (2014)「環境と政治：環境主義の展開」川崎修 (編)『政治哲学と現代』岩波書店 197-221 頁.

水上勉 (1975)『北国の女の物語』講談社.

―――― (2005a)『飢餓海峡』河出書房新社, 改訂決定版 (初版は 1963 年, 朝日新聞社), 上巻.

―――― (2005b)『飢餓海峡』河出書房新社, 改訂決定版 (初版は 1963 年, 朝日新聞社), 下巻.

三隅二不二・渥美公秀・矢守克也 (1999)「ヨーロッパにおける社会心理学の発展：リーダーシップ理論を中心として」『実験社会心理学研究』第 29 巻第 1 号, 71-77 頁.

水俣市教育委員会 (1957)『郷土みなまた』水俣市教育委員会.

―――― (1995)『心ゆたかに水俣』水俣市教育委員会, 初版.

―――― (2001)『心ゆたかに水俣』水俣市教育委員会, 第 2 版.

―――― (2005)『みなまたの教育〜学力向上を目指した教育実践〜』水俣市教育委員会, 平成 17 年度.

―――― (2006)『みなまたの教育〜学力向上を目指した教育実践〜』水俣市教育委員会, 平

成 18 年度.

───── (2007a)『心ゆたかに水俣』水俣市教育委員会, 第 3 版.

───── (2007b)『みなまたの教育〜学力向上を目指した教育実践〜』水俣市教育委員会, 平成 19 年度.

───── (2008)『みなまたの教育〜学力向上を目指した教育実践〜』水俣市教育委員会, 平成 20 年度第 38 集.

───── (2009)『みなまたの教育〜学力向上を目指した教育実践〜』水俣市教育委員会, 平成 21 年度第 39 集.

───── (2014)『心ゆたかに水俣』水俣市教育委員会, 第 4 版.

───── (2016)『みなまたの教育〜学力向上を目指した教育実践〜』水俣市教育委員会, 平成 28 年度第 46 集.

水俣市教育委員会・水俣市教育研究所 (1979)『研究紀要』水俣市教育委員会・水俣市教育研究所, 昭和 54 年度.

───── (1981)『研究紀要』水俣市教育委員会・水俣市教育研究所, 昭和 56 年度第 11 集.

───── (1982)『研究紀要みなまた』水俣市教育委員会・水俣市教育研究所, 昭和 57 年度第 12 集.

───── (1983)『研究紀要みなまた』水俣市教育委員会・水俣市教育研究所, 昭和 58 年度第 13 集.

───── (1984)『研究紀要みなまた』水俣市教育委員会, 水俣市教育研究所, 昭和 59 年度第 14 集.

───── (1985)『研究紀要みなまた』水俣市教育委員会・水俣市教育研究所, 昭和 60 年度第 15 集.

───── (1986)『研究紀要みなまた』水俣市教育委員会・水俣市教育研究所, 昭和 61 年度第 16 集.

───── (1987)『研究紀要みなまた』水俣市教育委員会・水俣市教育研究所, 昭和 62 年度第 17 集.

───── (1988)『研究紀要みなまた』水俣市教育委員会・水俣市教育研究所, 昭和 63 年度第 18 集.

───── (1989)『研究紀要みなまた』水俣市教育委員会・水俣市教育研究所, 平成元年度第 19 集.

───── (1990)『研究紀要みなまた』水俣市教育委員会・水俣市教育研究所, 平成 2 年度第 20 集.

───── (1991)『研究紀要みなまた』水俣市教育委員会・水俣市教育研究所, 平成 3 年度第 21 集.

───── (1992)『研究紀要みなまた』水俣市教育委員会・水俣市教育研究所, 平成 4 年度第 22 集.

───── (1993)『研究紀要みなまた』水俣市教育委員会・水俣市教育研究所, 平成 5 年度第 23 集.

―――― (1994)『研究紀要みなまた』水俣市教育委員会・水俣市教育研究所, 平成 6 年度第 24 集.

―――― (1995)『研究紀要みなまた』水俣市教育委員会・水俣市教育研究所, 平成 7 年度第 25 集.

―――― (1996)『研究紀要みなまた』水俣市教育委員会・水俣市教育研究所, 平成 8 年度第 26 集.

―――― (1997)『研究紀要みなまた』水俣市教育委員会・水俣市教育研究所, 平成 9 年度第 27 集.

―――― (1998)『研究紀要みなまた』水俣市教育委員会・水俣市教育研究所, 平成 10 年度 第 28 集.

―――― (1999)『研究紀要みなまた』水俣市教育委員会・水俣市教育研究所, 平成 11 年度 第 29 集.

―――― (2000)『研究紀要みなまた』水俣市教育委員会・水俣市教育研究所, 平成 12 年度 第 30 集.

―――― (2001)『研究紀要みなまた』水俣市教育委員会・水俣市教育研究所, 平成 13 年度 第 31 集.

―――― (2003)『研究紀要みなまた』水俣市教育委員会・水俣市教育研究所. 平成 15 年度 第 33 集.

―――― (2004)『研究紀要みなまた』水俣市教育委員会・水俣市教育研究所, 平成 16 年度 第 34 集.

水俣市教育研究所 (1981)『郷土みなまた』水俣市教育研究所.

三宅一郎 (編) (1981)『合理的選択の政治学』ミネルヴァ書房.

宮崎辰雄 (1978)『あすの都市経営：宮崎辰雄対談集』勁草書房.

宮崎ふみ子・ウィリアムズ, ダンカン (2002)「地域からみた恐山」『歴史評論』第 629 号, 60-72 頁.

宮崎道夫 (1970)『青森県の歴史』山川出版社.

宮﨑友里 (2018)「水俣市における教育旅行：水俣病への説明変化に着目して」『日本観光研究 学会全国大会学術論文集』, 9-12 頁.

―――― (2019a)「地方自治体の観光政策と社会心理学の視点」『実験社会心理学研究』第 58 巻第 2 号, 147-160 頁.

―――― (2019b)「むつ市と恐山イタコ観光：地域像に着目して」『国際協力論集』第 27 巻第 1 号, 139-155 頁.

宮本輝 (1988)『花の降る午後』角川書店.

三好正英 (1989)「神戸市のファッション都市化政策」神戸都市問題研究所 (編)『ファッショ ン都市の理論と実践』勁草書房, 139-157 頁.

むつ市 (1964)『むつ市政だより：昭和 39 年 12 月』むつ市, 第 3 号.

―――― (1965)『むつ市政だより：昭和 40 年 6 月』むつ市, 第 6 号.

―――― (1965)『むつ市政だより：昭和 40 年 11 月』むつ市, 第 8 号.

─────（1966）『むつ市政だより：昭和41年4月』むつ市，第10号.

むつ市経済部商工観光課内下北観光協議会（1998）「下北半島国定公園指定30周年記念事業」『国定公園』第565号，5-7頁.

むつ市史編さん委員会（1986）『むつ市史：民俗編』むつ市.

（編著者名記載なし）（1960）『むつ市勢要覧　1960　市制施行一周年記念』むつ市.

むつ市役所企画課（編）（1966）『むつ　1965』むつ市役所.

─────（1968）『むつ市勢要覧　1967年版』むつ市役所.

むつ市調査課（編）（1971）『むつ市勢概要　1971年版』むつ市調査課.

─────（1972）『むつ市勢要覧　1972』むつ市役所.

むつ市企画調整部（編）（1975）『むつ市勢概要　1975年版』むつ市企画調整部.

─────（1977）『むつ市勢要覧　1977年版』むつ市企画調整部.

むつ市商工観光課統計係（編）（1979）『むつ　昭和54年版　市政施行20周年記念市勢要覧』むつ市.

─────（編）（1982）『むつ市勢要覧　1982』むつ市.

（編著者名記載なし）（1986）『むつ市勢要覧　1986』むつ市.

むつ市経済部商工観光課（編）（1989）『むつ市勢要覧　1989　市制施行30周年記念要項』むつ市.

むつ市企画部企画課（編）（1994）『むつ市勢要覧　1994』むつ市.（資料編『データむつ』を含む）

（編著者名記載なし）『むつ市勢要覧　1999資料編　データむつ』むつ市企画部企画課.

むつ市企画部企画課統計係（編）（2000）『むつ市勢要覧　2000　市制施行40周年記念誌』むつ市.

むつ市企画部企画課（編）（2009）『むつ市勢要覧　市制施行50周年・合併5周年』むつ市.

村田光二（2010）「集団間認知とステレオタイプ：ステレオタイプ化の過程」亀田達也・村田光二（編）『複雑さに挑む社会心理学』有斐閣，改訂版，203-238頁.

村松岐夫（1984a）「中央地方関係に関する新理論の模索（上）：水平的政治競争モデルについて」『自治研究』第60巻第1号，3-18頁.

─────（1984b）「中央地方関係に関する新理論の模索（下）：水平的政治競争モデルについて」『自治研究』第60巻第2号，3-15頁.

─────（1988）『地方自治』東京大学出版会.

─────（1999）『行政学教科書』有斐閣.

村松岐夫（編）（2010）『テキストブック地方自治（第2版）』東洋経済新報社.

村松道夫・伊藤光利（編）（1986）『地方議員の研究』日本経済新聞社.

森正人（2010）『昭和旅行誌：雑誌『旅』を読む』中央公論新社.

森田浩平（2004）「集団間関係研究に関する覚書」『立命館産業社会論集』第40巻第1号，165-177頁.

森田誠一（1972）『熊本県の歴史』山川出版社.

森田秀雄（1971）「地縁・血縁から脱出する反対運動」『朝日ジャーナル』第13巻第43号，

参考文献一覧　*165*

116-120 頁.

安村克己・堀野正人・遠藤英樹・寺岡伸悟（編）（2011）『よくわかる観光社会学』ミネルヴァ
　　書房.

山岸俊男（編）（2001）『社会心理学キーワード』有斐閣.

山口定（1989）『政治体制』東京大学出版会.

山腰修三（2007）「経済政策のイデオロギーと『水俣』の言説」小林直毅（編）『「水俣」の言説
　　と表象』藤原書店，98-129 頁.

山田清人・藤岡貞彦・福島達夫（編）（1973）『公害と教育研究資料2：水俣病の教材化と授業』
　　明治図書.

山田高敬・大矢根聡（2011）『グローバル社会の国際関係論』有斐閣，新版.

山田竜作（2007）「包摂／排除をめぐる現代デモクラシー理論：『闘技』モデルと『熟議』モデ
　　ルのあいだ」『年報政治学』第 58 巻第 1 号，143-162 頁.

山本昭宏（2015）『核と日本人：ヒロシマ・ゴジラ・フクシマ』中央公論新社.

山本崇記（2009）「差別の社会理論における課題：A. メンミとI. ヤングの検討を通して」『Core
　　Ethics』第 5 巻，381-291 頁.

ヤング，アイリス，M. 著，施光恒訳（1996）「政治体と集団の差異：普遍的シティズンシッ
　　プの理念に対する批判」『思想』岩波書店，97-128 頁.

吉井正澄・甲上晃（2004）『対談・気がついたらトップランナー：小さな地球・水俣』燦葉出
　　版社.

吉本哲郎（1995）『わたしの地元学：水俣からの発信』NEC クリエイティブ.

米本昌平（1994）『地球環境問題とは何か』岩波書店.

外国語文献

Allport, Floyd H. (1924) *Social psychology*, Boston: Houghton Mifflin.

Ashmore, Richard D., Lussim, Lee and Wilder, David(eds.) (2001) *Social identity, intergroup
　　conflict, and conflict reduction*, Oxford: Oxford University Press.

Austin, William G. and Worchel, Stephen (eds.) (1979) *The social psychology of intergroup
　　relations*, Monterey, Calif.: Brooks/Cole.

Billig, Michael (1976) *Social psychology and intergroup relations*, London : Published in
　　cooperation with the European Association of Experimental Social Psychology by
　　Academic Press.

———— (1996) "Nationalism as International Ideology: Imaging the Nation, Others and the
　　World of Nations", in Breakwell, Glynis M. and Lyons, Evanthia (eds.), *Changing
　　European identities: social psychological analyses of social change*, Oxford: Butterworth-
　　Heinemann, pp. 181-194.

———— (2003) "Political Rhetoric", in Sears, David O., Huddy, Leonie and Jervis, Robert
　　(eds.) *Oxford handbook of political psychology*, Oxford: Oxford University Press.

Billig, Michael and Tajfel, Henri (1973) "Social categorization and similarity in intergroup behaviour," *European Journal of Social Psychology,* Vol. 3, No. 1, pp. 27-52.

Breakwell, Glynis M. and Lyons, Evanthia(eds.)(1996) *Changing European identities: social psychological analyses of social change,* Oxford: Butterworth-Heinemann.

Brown, Rupert (1988) *Group processes: dynamics within and between groups.* Oxford: Blackwell.（ブラウン，R. 著，黒川正流・橋口捷久・坂田桐子訳（1993）『グループ・プロセス：集団内行動と集団間行動』北大路書房.）

Cairns, Ed (1982) "Intergroup Conflict in Northern Ireland", in Tajfel, Henri (ed.), *Social identity and intergroup relations,* Cambridge: Cambridge University Press, pp. 277-297.

Cobb, Roger W. & Elder, Charles D. (1972) *Participation in American politics: the dynamics of agenda-building,* Baltimore and London: The Johns Hopkins University Press.

Conover, Pamela J., Mingst, Karen A. and Sigelman, Lee.(1980) "Mirror Images in Americans' Perception of Nations and Leaders during the Iranian Hostage Crisis," *Journal of Peace Research,* No. 4, pp. 325-337.

Crisp, Richard J. (2014) *Intergroup relations: motivations and ideology,* Los Angeles: Sage Reference, Vol. 2.

Dahl, Robert A. (1961) *Who governs? : democracy and power in an American city,* New Haven: Yale University Press.（ダール，ロバート A. 著，河村望・高橋和宏監訳（1988）『統治するのはだれか：アメリカの一都市における民主主義と権力』行人社.）

Downs, Anthony (1957) *An economic theory of democracy,* New York: Harper & Brothers.

Duckitt, John (2003) Prejudice and Intergroup Hostility, in Sears, David O., Huddy, Leonie, and Jervis, Robert (eds.), *Oxford handbook of political psychology,* Oxford: Oxford University Press, pp. 559-600.

Eriksen, Thomas H. (2001) "Ethnic Identity, National Identity, and Intergroup Conflict: The Significance of Personal Experiences," in Ashmore, Richard D., Lussim, Lee and Wilder, David (eds.), *Social identity, intergroup conflict, and conflict reduction,* Oxford: Oxford University Press, pp. 42-68.

Evera, Stephen V.(1997) *Guide to methods for students of political science,* Ithaca : Cornell University Press.（エヴァラ，スティーブン著，野口和彦・渡辺紫乃訳（2009）『政治学のリサーチ・メソッド』勁草書房.）

Fisher, Ronald J., Kelman, Herbert C. and Nan, Susan A. (2013) "Conflict Analysis and Resolution," in Huddy, Leonie, Sears, David O. and Levy, Jack S. (eds.), *The Oxford handbook of political psychology,* Oxford: Oxford University Press, 2nd edition, pp. 489-521.

Fiske, Susan T., Gilbert, Daniel T. and Lindzey, Gardner (2010) *Handbook of social psychology,* Hoboken: John Wiley & Sons, 5th edition.

George, Alexander L. and Bannet, Andrew (2005) *Case studies and theory development in the social sciences,* Cambridge: MIT Press.（ジョージ，A.，ベネット，A. 著，泉川泰博訳（2013）『社会科学のケース・スタディ：理論形成のための定性的手法』勁草書房.）

George, Timothy S. (2001) *Minamata: pollution and the struggle for democracy in postwar Japan*, Cambridge: Harvard University Asia Center.

Gibson, James L., and Gouws, Amanda (2000) "Social Identities and Political intolerance: Linkages within the South African Mass Public," Midwest Political Science Association, *American Journal of Political Science*, Vol. 44, No. 2, pp. 278-292.

Goffman, Erving (1963) *Stigma: notes on the management of spoiled identity*, Englewood Cliffs: Prentice-IIall. (ゴッフマン, アーヴィング著, 石黒毅訳 (1993)『スティグマの社会学：烙印を押されたアイデンティティ』せりか書房.)

Greene, Steven (1999) "Understanding Party Identification: A Social Identity Approach," *Political Psychology*, Vol. 20, No. 2, pp. 393-403.

Greenfeld, Liah (1992) *Nationalism: five roads to modernity*, Cambridge: Harvard University Press.

Gulick, L. H.,& Urwick, L. (1937) *Papers on the science of administration*, New York: Institute of Public Administration, Columbia University.

Hermann, Margaret G. (2002) "Political Psychology as a Perspective in the Study of Politics," in Monroe, Kristen R. (ed.), *Political Psychology*, L. Erlbaum Associates, pp. 43-60.

Herring, Mary, Jankowski, Thomas B. and Brown, Ronald E.,(1999), "Pro-Black Doesn't Mean Anti-White: The Structure of African-American Group Identity", *The Journal of Politics*, Vol. 61, No. 2, pp. 363-386.

Hogg, Michael A. (1992) *The social psychology of group cohesiveness: from attraction to social identity*, New York: New York University Press. (ホッグ, M. A. 著, 廣瀬君美・藤澤等監訳 (1994)『集団凝集性の社会心理学：魅力から社会的アイデンティティへ』北大路書房.)

——— (2001) "A Social Identity Theory of Leadership," *Personality and Social Psychology Review*, Vol. 5, No. 3, pp. 184-200.

Hogg, Michael A. and Abrams, Dominic (1988) *Social identifications: a social psychology of intergroup relations and group process*, London: Routledge. (ホッグ, M.A., アブラムス, D. 著, 吉森護・野村泰代訳 (1995)『社会的アイデンティティ理論：新しい社会心理学体系化のための一般理論』北大路書房.)

Hogg, Michael A. and Abrams, Dominic (eds.)(1990) *Social identity theory: constructive and critical advances*, New York; Tokyo: Harvester Wheatsheaf.

——— (1999) *Social identity and social cognition*, Oxford: Blackwell.

——— (2001) *Intergroup relations: essential readings*, Philadelphia: Psychology Press.

Hopkins, Nick and Reicher, Steve (1996) "The Construction of Social Categories and Processes of Social Change: Arguing about National Identities," in Breakwell, Glynis M. and Lyons, Evanthia (eds.), *Changing European identities: social psychological analyses of social change*, Oxford: Butterworth-Heinemann, pp. 69-94.

Horowitz, Donald L. (2000) *Ethnic groups in conflict*, Berkeley: University of California

Press, 2nd edition. (Originally published in 1985.)

Huddy, Leonie, Sears, David O. and Levy, Jack S. (eds.) (2013) *The Oxford handbook of political psychology*, Oxford: Oxford University Press, 2nd edition.

Huddy, Leonie (2003) "Group Identity and Political Cohesion," in Sears, David O., Huddy, Leonie and Jervis, Robert(eds.), *Oxford handbook of political psychology*, Oxford: Oxford University Press, pp. 511–558.

————— (2013) "Group Identity to Political Cohesion and Commitment," in Huddy, Leonie, Sears, David O. and Levy, Jack S. (eds.) *The Oxford handbook of political psychology*, Oxford: Oxford University Press, 2nd edition, pp. 737–773.

Ispas, Alexa (2013) *Psychology and politics: a social identity perspective*, New York: Psychology Press.

Iyenger, Shanto and McGuire, William J. (eds.) (1993) *Explorations in Political Psychology*, Duke University Press.

Jamal, Tazim and Robinson, Mike (2009) *The SAGE handbook of tourism studies*, Los Angeles: SAGE.

Jaspers, Jos (1986) "Forum and focus: a personal view of European social psychology," *European Journal of Social Psychology*, Vol. 16, No. 1, pp. 3–15.

Jost, John T. and Sidanius, Jim (eds.), (2004) *Political psychology: essential readings*, Philadelphia: Psychology Press.

Kelman, Herbert C. (2001) The Role of National Identity in Conflict Resolution: Experiences from Israeli-Palestinian problem-solving workshops, in Ashmore, Richard D., Lussim, Lee and Wilder, David (eds.), *Social identity, intergroup conflict, and conflict reduction*, Oxford: Oxford University Press, pp. 187–212.

Kidder, Louise H. and Stewart, Mary V. (1975) *The psychology of intergroup relations: conflict and consciousness*, New York: McGraw-Hill.

Kinder, Donald R. (1998) "Opinion and action in the realm of politics," in Kinder, Donald R., *The handbook of social psychology*, Oxford: Oxford University Press, 4th edition, pp. 238–307. (キンダー, ドナルド R. 著, 加藤秀治郎・加藤祐子訳 (2004)『世論の政治心理学：政治領域における意見と行動』世界思想社.)

Klandermans, Bert (2003) "Collective Political Action, Sears," in David O., Huddy, Leonie and Jervis, Robert (eds.) *Oxford handbook of political psychology*, Oxford: Oxford University Press, pp. 670–709.

Lasswell, Harold D. (1947) *The analysis of political behaviour, an empirical approach*, London: Routledge & K. Paul. (ラスウェル, H. D. 著, 加藤正泰訳 (1955)『人間と政治』岩崎書店.)

————— (1948) *Power and personality*, New York: W.W. Norton. (ラスウェル, H. D. 著, 永井陽之助訳 (1967)『権力と人間』東京創元社, 第 4 版.)

Levy, Jack S. (2003) Political Psychology and Foreign Policy, in Sears, David O., Huddy,

Leonie and Jervis, Robert (eds.) *Oxford handbook of political psychology*, Oxford: Oxford University Press, pp. 253-284.

Lippmann, Walter (1950) *Public opinion*, New York: Macmillan. (Original work published 1922, New York: Macmillan)

Lowi, Theodore J. (1972) "Four systems of policy, politics, and choice," *Public Administration Review*, No. 32, pp. 298-310.

Marrow, Alfred J. (1969) *The practical theorist: the life and work of Kurt Lewin*, New York: Basic Book. (マロー，A.J. 著，望月衛・宇津木保訳 (1972)『KURT LEWIN：その業績と生涯』誠信書房.)

Messick, David M. and Mackie, Diane (1989) "Intergroup Relations," *Annual Review of Psychology*, Vol. 40 (1), pp. 45-81.

McDougall, William (1921) *The group mind: a sketch of the principles of collective psychology with some attempt to apply them to the interpretation of national life and character*, Cambridge: Cambridge University Press.

Miller, Richard L. (1977) "Preferences for social vs. non-social comparison as a means of self evaluation," *Journal of Personality*, Vol. 45, No. 3, pp. 343-355.

Monroe, Kristen R. (ed.) (2002) *Political psychology*, Mahwah: L. Erlbaum Associates.

Nesbitt-Larking, Paul, Kinnvall, Catarina, Capelos, Tereza and Dekker, Henk(eds.)(2014) *The palgrave handbook of global political psychology*, Basingstoke: Palgrave Macmillan.

Nesbitt-Larking, Paul, Kinnvall, Catarina, Capelos, Tereza and Dekker, Henk (2014) "Introduction: Origins, Developments and Current Trends," in Nesbitt-Larking, Paul, Kinnvall, Catarina, Capelos, Tereza and Dekker, Henk(eds.), *The palgrave handbook of global political psychology*, Basingstoke: Palgrave Macmillan, pp. 3-16.

Nordlinger, Eric A. (1981) *On the autonomy of the democratic state*, Cambridge: Harvard University Press.

Olson, Mancur (1965) *The logic of collective action: public goods and the theory of groups.* Cambridge: Harvard University Press. (オルソン，M. 著，依田博・森脇俊雅訳 (1996)『集合行為論：公共財と集団理論』ミネルヴァ書房.)

Peterson, Paul E. (1981) *City limits.* Chicago: University of Chicago Press.

Pettigrew, Thomas F., Allport, Gordon W. and Brnett, Eric O. (1958) "Binocular Resolution and Perception of Race in South Africa," *The British Journal of Psychology*, Vol. 49 (4), pp. 265-278.

Postmes, Tom and Branscombe, Nyla R.(eds.) (2010) *Rediscovering social identity: key readings,* London: Routledge.

Reed, Steven R. (1986) *Japanese prefectures and policymaking*, Pittsburgh: University of Pittsburgh Press. (リード，スティーブン R. 著，森田朗・新川達郎・西尾隆・小池治訳 (1990)『日本の政府間関係：都道府県の政策決定』木鐸社.)

Richter, Linda K. (2009) "Power, Politics, and Political Science: The Politicizations of

Tourism," in Jamal, Tazim and Robinson, Mike(eds.), *The SAGE handbook of tourism studies*, Los Angeles: SAGE, pp. 188-202.

Riker, William H.(1962) *The theory of political coalitions*, New Haven: Yale University Press.

Sachdev, Itesh and Bourhis, Richard Y. (1987) "States Differentials and Intergroup Behavior," *European Journal of Social Psychology*, Vol. 17, pp. 277-293.

Samuels, Richard J. (1983) *The politics of regional policy in Japan: localities incorporated?* Princeton: Princeton Univercity Press.

Sears, David O., Huddy, Leonie and Jervis, Robert (eds.)(2003) *Oxford handbook of political psychology*, Oxford: Oxford University Press.

———— (2003) The Psychology Underlying Political Psychology, in Sears, David O., Huddy, Leonie and Jervis, Robert(eds.), *Oxford handbook of political psychology*, Oxford: Oxford University Press.

Sherif, Muzafer, Harvey, O. J., White, Jack B., Hood, William R. and Sherif, Carolyn W. (1961) *Intergroup conflict and cooperation: the Robbers Cave experiment*, Oklahoma: University Book Exchange.

Sherif, Muzafer (ed.) (1962) *Intergroup relations and leadership: approach and research in industrial, ethnic, cultural, and political areas*, New York; London: John Wiley and Sons.

Sindic, Denis and Condor, Susan (2014) "Social Identity Theory and Self-Categorisation Theory," in Nesbitt-Larking, Paul, Kinnvall, Catarina, Capelos, Tereza and Dekker, Henk (eds.), *The palgrave handbook of global political psychology*, Basingstoke: Palgrave Macmillan, pp. 39-54.

Stein, Janice G. (2001) "Image, Identity and Resolution of Violent Conflict," in Crocker, Chester A. Hampson, Fen O. and Aall, Pamela (eds.), *Turbulent peace: the challenges of meaning international conflict*, Washington D.C.: United States Institute of Peace Press, pp. 189-208.

Stes, Jan E. and Turner, Jonathan H. (eds.) (2007) *Handbook of the sociology of emotions*, Springer.

Stephan, Walter G. (1985) "Intergroup Relations," in Lindzey, Gardner and Aronson, Elliot (eds.), *The handbook of social psychology*, New York: Random House, pp. 599-658.

Taylor, Donald M. and Moghaddam, Fathali M. (1994) *Theories of intergroup relations: international social psychological perspectives*, Westport: Praeger, 2nd edition.（テイラー，D. M., モグハッダム, F. M. 著，野波寛・岡本卓也・小杉考司訳 (2010)『集団間関係の社会心理学：北米と欧州における理論の系譜と発展』晃洋書房.）

Tajfel, Henri (1963) "Stereotypes," *Race*, No. 5, pp. 3-14.

———— (1970) "Experiments in Intergroup Discrimination," *Scientific American*, Vol. 223, No. 5, pp. 96-102.

———— (1972) La catégorization sociale, in Moscovici, Serge (ed.) *Introduction à la psychologie sociale*, Vol. 1, pp. 385-388, Paris: Larousse.

————— (1978a) "Social categorization,social identity, and social comparison," in Tajfel, H. (ed.), *Differentiation between social groups: studies in the social psychology of intergroup relations*, London; New York: (Published in cooperation with) European Association of Experimental Social Psychology by Academic Press, pp. 61-76.

Tajfel, Henri (ed.) (1978b) *Differentiation between social groups: studies in the social psychology of intergroup relations*, London; New York: (Published in cooperation with) European Association of Experimental Social Psychology by Academic Press.

————— (1982) *The social dimension: European studies in social psychology*, Cambridge: Cambridge University Press.

————— (2001) *Social identity and intergroup relations*, Cambridge: Cambridge University Press (Originally published in 1982).

Tajfel, Henri, Billig, M. G., Bundy, R. P. and Flament, C. (1971) "Social categorization and intergroup behaviour," *European Journal of Social Psychology*, Vol. 1, No. 2, pp. 149-178.

Tajfel, Henri and Turner, John C. (1979) "The Integrative Theory of Intergroup Conflict," in Worchel, Stephen and Austin, William G.(eds.) *The Social psychology of intergroup relations*, Monterey: Brooks/ Cole Publishing Company, pp. 33-53.

————— (1986) "The Social Identity Theory of Intergroup Behavior," in Worchel, Stephen and Austin, William G.(eds.), *Psychology of intergroup relations*, Chicago: Nelson-Hall Publishers, 2nd edition, pp. 7-24.

Tajfel, Henri and Willkes, A. L. (1963) "Classification and Quantitative Judgement," *The British Journal of Psychology*, Vol. 54(2), pp. 101-114.

Tiebout, Charles M. (1956) "A Pure Theory of Local Expenditure," *Journal of Political Economy*, Vol. 64, pp. 416-424.

Turner, John C. (1978) "Social categorization and social discrimination in the minimal group paradigm," in Tajfel H. (ed.) *Differentiation between social groups*, London and New York: Academic Press, pp. 101-140.

————— (1985) Social categorization and the self concept: A social cognitive theory of group behavior, in Lawler, E. J. (ed.) *Advances in group process*, Vol. 2, Greenwich, Conn: JAI Press, pp. 77-122.

————— (1987) *Rediscovering the social group: a self-categorization theory*, Oxford; New York: Basil Blackwell (ターナー，J. C. 著，蘭千壽・磯崎三喜年・内藤哲雄・遠藤由美訳 (1995)『社会集団の再発見：自己カテゴリー化理論』誠信書房.)

————— (1988) "Foreword," in Hogg, Michael A. and Abrams, Dominic, *Social identifications: a social psychology of intergroup relations and group process*, London: Routledge, pp. X-XII. (ターナー，J. C. (1995)「本書に寄せて」ホッグ，M. A.・アブラム ス，D. 著，吉森護・野村泰代訳 (1995)『社会的アイデンティティ理論：新しい社会心理

学体系化のための一般理論』北大路書房，i-iii 頁.）

Turner, J. C. and Brown, R. (1978) "Social status, cognitive alternatives and intergroup relations," in Tajfel, H. (ed.), *Differentiation between social groups*, London; New York: (Published in cooperation with) European Association of Experimental Social Psychology by Academic Press, pp. 201-234.

Turner, J. C. and Giles, H. (1981) *Intergroup behavior*, Oxford: University of Chicago Press.

Turner, J. C., Brown, R. J. and Tajfel, H. (1979) "Social Comparison and Group interest in ingroup favoritism," *European Journal of Social Psychology*, Vol. 9, pp. 187-204.

Tyler, Tom R. and Degoey, Peter (1995) "Collective Restraint in Social Dilemmas: Procedural Justice and Social Identification Effects on Support for Authorities," *Journal of Personality and Social Psychology*, Vol. 69, No. 3, pp. 482-797.

Urry, John (1990) *The tourist gaze: leisure and travel in contemporary societies*, London: SAGE.

Young, Iris M.(1990) *Justice and the politics of difference*, Princeton: Princeton University Press.

Yzerbyt, Vincent and Demoulin, Stepanie (2010) "Intergroup Relations," in Fiske, Susan T., Gilbert, Daniel T. and Lindzey, Gardner (eds.), *Handbook of social psychology*, Hoboken: John Wiley & Sons, 5th edition, pp. 1024-1083.

Wallas, G.(1948) *Human nature in politics*, London: Constable, 4th edition.(Original work published 1908, London: Archibald Constable and Co.)（ウォーラス，G. 著，石上良平・川口浩訳（1958）『政治における人間性』創元社.）

Wicke, C., Berger, S. and Golombek, J. (2018) *Industrial heritage and regional identities*, Abingdon: Routledge.

Williams, J. and Giles, H. (1978) "The Challenging Status of Women in Society: An Intergroup Perspective," in Tajfel, Henri (ed.) *Differentiation between social groups: studies in the social psychology of intergroup relations*, London; New York: (Published in cooperation with) European Association of Experimental Social Psychology by Academic Press, pp. 430-446.

Willig, Carla (2001) *Introducing qualitative research in psychology*, Maidenhead: Open University Press.（ウィリッグ，C. 著，上淵寿・大家まゆみ・小松孝至訳（2003）『心理学のための質的研究法入門：創造的探求に向けて』培風館.（初版訳））

Wood, R.E. (2009) Tourism and International Policy: Neoliberalism and Beyond, in Jamal, Tazim and Robinson, Mike, *The SAGE handbook of tourism studies*, Los Angeles: SAGE, pp. 595-612.

Worchel, Stephen and Austin, William G. (eds.) (1986) *The social psychology of intergroup relations*, 2nd edition, Monterey, Calif.: Brooks/Cole.

ウェブページ

「国立研究開発法人海洋研究開発機構」

http://www.jamstec.go.jp/j/about/equipment/ships/mirai.html（2024 年 10 月 27 日最終閲覧）.

「国立社会保障・人口問題研究所」

http://www.ipss.go.jp/s-info/j/seiho/seiho.asp（2024 年 10 月 27 日最終閲覧）.

「水俣市立水俣病資料館」

http://www.minamata195651.jp/guide.html（2024 年 10 月 27 日最終閲覧）.

「むつ市：海洋拠点都市を目指して」

http://www.city.mutsu.lg.jp/index.cfm/13,1056,14,288,html（2019 年 12 月 10 日最終閲覧）.

その他資料

朝日新聞（データベース聞蔵Ⅱデジタル）.

環境創造みなまた実行委員会熊本県・水俣市（1993）『環境・創造・みなまた '92 報告書』環境創造都市みなまた実行委員会熊本県・水俣市.

神戸新聞（神戸市立中央図書館所蔵マイクロフィルム版ならびに，宮崎（1978）に所収版）

神戸市議会議事録（神戸市議会図書館所蔵）.

神戸市総合基本計画審議会第 2 回総会資料 6 参考資料平成 22 年 2 月 24 日「神戸市における『都市戦略』等の概要」（ウェブ上の PDF 参照）.

熊本日日新聞（水俣市立水俣病資料館所蔵原紙参照）.

西日本新聞（水俣市立水俣病資料館所蔵原紙参照）.

水俣芦北公害研究サークル（2016）『水俣病・授業実践のために：学習材・資料編〈2016 年改訂版〉』水俣芦北公害研究サークル（水俣市立水俣病資料館販売資料）.

水俣市議会議事録（水俣市立水俣病資料館所蔵）.

水俣市教育旅行誘致促進協議会（2004）パンフレット.

水俣市福祉環境部環境対策課環境企画室（2004）パンフレット

水俣市立水俣病資料館「川本輝夫：水俣病の不条理に挑んだ男」水俣市立水俣病資料館（水俣市立水俣病資料館販売資料）.

東奥日報（国立国会図書館所蔵）.

《著者紹介》

宮﨑友里（みやざき　ゆり）

兵庫県出身
同志社大学政策学部　卒業
神戸大学大学院国際協力研究科博士後期課程修了，博士（政治学）
龍谷大学地域公共人材・政策開発リサーチセンター博士研究員（2020年度）
現在　立教大学観光学部　助教

主要業績

「水俣市における教育旅行：水俣病への説明変化に着目して」『日本観光研究学
　会全国大会学術論文集』第33号，2018年，9–12頁.
「地方自治体の観光政策と社会心理学の視点」『実験社会心理学研究』第58巻第
　2号，2019年，147–160頁.
「むつ市と恐山イタコ観光：地域像に着目して」『国際協力論集』第27巻第1号，
　2019年，139–155頁.
「神戸市によるファッション都市事業開始後の地域社会における神戸像：社会
　科副読本に着目して」『立教大学観光学部紀要』第24号，2022年，73–80頁.
"Transformation of an Industrial City into a Fashion City: Development Policy
　and City Identity" Research Center for Interdisciplinary studies in Religion,
　Science and Humanities. *Ryukoku Journal of Peace and Sustainability.* Vol. 1,
　2021, pp. 1–12.

第七回髙島國男自遊賞（本書『観光という虚像：アイデンティティをめぐる地
　方自治体の自問自答』の原稿に対して）

観光という虚像
──アイデンティティをめぐる地方自治体の自問自答──

2025年4月10日　初版第1刷発行　　＊定価はカバーに
　　　　　　　　　　　　　　　　　表示してあります

著　者　　宮　﨑　友　里 ©

発行者　　萩　原　淳　平

印刷者　　藤　森　英　夫

発行所　株式会社　晃　洋　書　房

〒615-0026　京都市右京区西院北矢掛町7番地
電話　075(312)0788番(代)
振替口座　01040-6-32280

装幀　HON DESIGN（小守　いつみ）　　組版　(株)トーヨー企画
　　　　　　　　　　　　　　　　　　印刷・製本　亜細亜印刷(株)

ISBN978-4-7710-3933-9

JCOPY 〈(社)出版者著作権管理機構　委託出版物〉

本書の無断複写は著作権法上での例外を除き禁じられています.
複写される場合は，そのつど事前に，(社)出版者著作権管理機構
（電話03-5244-5088, FAX 03-5244-5089, e-mail: info@jcopy.or.jp）の許諾
を得てください.